北大版留学生本科汉语教材·语言技能系列

汉语
初级强化教程
听说课本 I

Intensive Elementary Chinese Course

Listening and Speaking I

主编：肖奚强　朱　敏

编著（以姓氏拼音排列）：

段轶娜　范　伟
梁社会　沈灿淑
魏庭新　张　勤
朱　敏

翻译：沈　冲

图书在版编目(CIP)数据

汉语初级强化教程.听说课本Ⅰ/肖奚强，朱敏主编.—北京：北京大学出版社，2008.5
(北大版留学生本科汉语教材·语言技能系列)
ISBN 978-7-301-13369-9

Ⅰ.汉… Ⅱ.①肖… ②朱… Ⅲ.汉语—听说教学—对外汉语教学—教材 Ⅳ.H195.4

中国版本图书馆CIP数据核字（2008）第007353号

书　　　名：	汉语初级强化教程·听说课本Ⅰ
著作责任者：	肖奚强　朱　敏　主编
责任编辑：	李　凌
标准书号：	ISBN 978-7-301-13369-9/H·1932
出版发行：	北京大学出版社
地　　　址：	北京市海淀区成府路205号　100871
网　　　址：	http://www.pup.cn
电子信箱：	zpup@pup.pku.edu.cn
电　　　话：	邮购部 62752015　发行部 62750672　编辑部 62754144
	出版部 62754962
印刷者：	北京大学印刷厂
经销者：	新华书店

　　　　　　787毫米×1092毫米　　16开本　　17.25印张　　273千字
　　　　　　2008年5月第1版　　2019年6月第8次印刷

定　　　价：60.00元（含MP3盘1张）

未经许可，不得以任何方式复制或抄袭本书之部分或全部内容。
版权所有，侵权必究
举报电话：010-62752024　　电子信箱：fd@pup.pku.edu.cn

前言

对外汉语初级教材经过多年的建设,已经取得了相当的成绩,比如:教材的数量以较快的速度增长,教材的种类不断丰富;教材编写的理论研究和经验总结也不断深入和加强;等等。但是,已有的初级汉语系列教材在教学内容、教学重点,结构、功能和文化的相互配合,课程之间的相互配套等方面还有许多需要改进的方面。因此,我们从教学实践出发,编写了这套《汉语初级强化教程》系列教材,希望能够为初级汉语教材建设添砖加瓦。

编写本套教材的基本原则为三个结合:综合与听说相结合、结构与功能相结合、语言与文化相结合。

(一)综合汉语教材与听说教材的课文,在内容和形式上密切配合,相互容让,注重词汇和语法点的互现和循环。全套教材由一套人马统一编写,避免两种教材众人分头编写,相互不配套,难以施教的现象。

(二)针对目前初级汉语教学中听力和说话分别开课,两门课的教材、教学内容不配套现象严重(或互不相干或重复重叠)的现状,我们将听和说整合为一本教材、一门课,改变目前听说分课,教材不配套,教学相互牵扯的现状。

(三)注重结构、功能和文化的结合,以结构为主线,辅以交际功能,穿插文化背景介绍;加强教材的知识性、实用性和趣味性。

(四)教材中的所有词汇、语法点均与汉语水平考试大纲、对外汉语教学大纲相对照,确保词汇、语法学习的循序渐进,尽可能避免生词、语法的超纲。当然,对于学生学习和交际急需而现行大纲缺少或等级较高的词语,我们也本着实用的原则,适当加入。

(五)本套系列教材的所有编写人员均参与教材的试用,直接吸收教学中的反馈,并在四个平行班试用两年的基础之上进行了修改完善。

本套系列教材按《汉语初级强化教程·综合课本》、《汉语初级强化教程·听说课本》分课编写,主要供汉语言专业本科生、进修生和汉语预科生一学年使用（建议综合汉语课与听说课之比为 5∶4）。为了便于不同起点的班级选用，我们将上下学期使用的《汉语初级强化教程·综合课本》和《汉语初级强化教程·听说课本》各分为两册，即综合课本和听说课本各为 1—4 册。

本教程由主编提出整体构想和编写原则与大纲，编写组讨论完善后分头编写。具体分工如下：

朱敏编写综合课本、听说课本的 1—5 课，41—45 课，综合课本第 6 课。

沈灿淑编写综合课本 7—12 课，听说课本 6—8 课、10—12 课，综合课本、听说课本的 46—50 课。

范伟编写综合课本、听说课本的 13—16 课、51—55 课，综合课本第 25 课，听说课本第 9、19、25 课。

段轶娜编写综合课本、听说课本的 17、18、20—22 课、56—60 课，综合课本第 19 课。

魏庭新编写综合课本、听说课本的 23、24、26—28 课、30、61—65 课。

张勤编写综合课本、听说课本的 29、31—35 课，66—70 课。

梁社会与沈灿淑合编综合课本、听说课本第 36 课，与范伟合编第 37、38 课，与魏庭新合编第 39 课，与张勤合编第 40 课。

全书由主编修改定稿。

本套系列教材从策划、编写、试用到出版历时两年有余。从 2005 年 9 月至 2007 年 6 月在南京师范大学国际文化教育学院理工农医经贸专业汉语预科生的四个平行班试用了两学年，教学效果良好，从形式到内容都受到留学生的欢迎和好评。作为听说合一、综合课与听说课密切配合编写教材的一种尝试，不足之处在所难免，希望得到专家学者和使用本教材教师的批评指正。

编　者

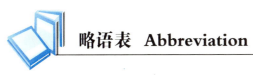

略语表 Abbreviation

形容词	adj.
副词	adv.
助动词	aux.
黏着形式	b. f.
连词	conj.
感叹词	intj.
名量词	m.(n.)
动量词	m.(v.)
名词	n.
数词	num.
象声词	on.
助词	particle
代词	pr.
前缀	pref.
介词	prep.
后缀	suf.
动词	v.
动宾离合词（如"开玩笑"）	v. o.
动名兼类词（如"争议"）	v./n.

目 录
—— CONTENTS ——

1	第 一 课	你好!
6	第 二 课	你忙吗?
12	第 三 课	今天星期几?
18	第 四 课	这是什么?
25	第 五 课	复习（一）
35	第 六 课	同学们，早上好!
45	第 七 课	你家有几口人?
55	第 八 课	请问，办公楼在哪儿?
64	第 九 课	你们学校有多少个学生?
73	第 十 课	复习（二）
82	第十一课	你要这种还是要那种?
92	第十二课	明天是中国的教师节
102	第十三课	最近工作很忙
112	第十四课	您在做什么?

I

122	第十五课	复习（三）
133	第十六课	你辅导他汉语，怎么样？
145	第十七课	我们国家离中国很远
157	第十八课	你的爱好是什么？
169	第十九课	你想要哪种电脑？
181	第二十课	复习（四）
192	听力录音文本与参考答案	
263	词语总表	

第一课 你好！
Lesson 1 Hello!

听力 Listening

（一）听并写出声母，然后跟读（每个读两遍）
Listen and write out the initials, then read after the record (Read each twice)

_____ _____ _____ _____ _____

_____ _____ _____ _____ _____

（二）听并写出韵母，然后跟读（每个读两遍）
Listen and write out the finals, then read after the record（Read each twice)

_____ _____ _____ _____ _____

_____ _____ _____ _____ _____

（三）听声调，然后跟读（每个读两遍）
Listen to the tones and then read after the record (Read each twice)

（四）听辨并画出你听到的声母（每个读两遍）
Listen to the following syllables and underline the initials you hear (Read each twice)

1. ba pa   bo po   bao pao   bei pei
2. da ta   du tu   dai tai   dou tou
3. ge ke   gu ku   gai kai   gao kao

1

4. na la   nu lu   nü lü   nao lao
5. fa ha   fei hei

(五)听辨并画出你听到的韵母（每个读两遍）

Listen to the following syllables and underline the finals you hear (Read each twice)

1. b { a / ao / u }   2. p { i / ai / ao }   3. m { a / o / u }   4. n { i / ü / u }

5. l { u / i / ü }   6. f { a / u / ou }   7. d { ai / ao / ou }   8. g { ai / ei / e }

(六)选择你听到的声调（每个读两遍）

Choose the tones you hear (Read each twice)

	ˉ	ˊ	ˇ	ˋ
ba				
hao				
wu				
ni				
kou				

(七)听辨并画出你听到的音节（每个读两遍）

Listen and underline the syllables you hear (Read each twice)

1. tā   dǎ   2. yī   yí
3. bō   pō   4. mǒ   mǒu
5. nǚ   lǚ   6. kāi   hāi
7. bù   dù   8. bèi   pèi
9. gāo   gōu   10. mù   mò

会话 Conversations

一 课文 Text

A：Nǐ hǎo!
你 好！

B：Nǐ hǎo!
你 好！

二 练习 Exercises

（一）朗读音节并注意声调　Read the syllables and pay attention to the tones

lā	lá	lǎ	là		pō	pó	pǒ	pò
yū	yú	yǔ	yù		fū	fú	fǔ	fù
gē	gé	gě	gè		nī	ní	nǐ	nì
tōu	tóu	tǒu	tòu		māo	máo	mǎo	mào
hāi	hái	hǎi	hài		nāo	náo	nǎo	nào

（二）朗读并辨音　Read and identify

bā–pā　　bō–pō　　dā–tā　　dì–tì　　nā–lā　　nǚ–lǜ
mā–fā　　méi–féi　　yǔfǎ–yīfā　　yípó–yībó
bàibǐ–pòbǐ　　báidā–báitǎ　　láiba–nába　　níbā–lǐbài

（三）朗读词语　Read the words and phrases

一　八　不　白　你好　大马　白马　好马　五口

（四）朗读下列句子，注意语音语调
Read the sentences and pay attention to the pronunciation and intonation

1. { Nǐ hǎo! / Nǐ lái! }   2. { Tā mǎi bǐ. / Tā mǎi mǐ. }   3. { Tā pà gǒu. / Tā pà hǒu. }

（五）完成对话　**Complete the dialogue**

A：你好！

B：_____。

（六）情景会话　**Situational conversations**

你在校园里见到一个同学，互相问候。

You meet your schoolmate on campus and you greet each other.

（七）读一读下面的绕口令，比比谁读得准、读得快
Read the following tongue-twister to see who can read quickest and best

Bá luóbo
拔 萝 卜

Bā ge nǚháir bá luóbo,
八 个 女孩儿 拔 萝 卜，

Nǐ lái bá, tā lái bá,
你 来 拔， 她 来 拔，

Bá a bá, bá a bá,
拔 啊 拔， 拔 啊 拔，

Nǐ bá de bú dà duō duō duō,
你 拔 得 不 大 多 多 多，

Tā bá de bù duō dà dà dà.
她 拔 得 不 多 大 大 大。

Pull out carrots

Eight girls are pulling carrots,

You come to pull, and she comes to pull.

Pull, pull, pull, and pull.

Your carrots are not big, but many, many, many,

She doesn't pull out many carrots, but big, big, big.

第二课　你忙吗？

Lesson 2　Are you busy?

生词 New Words

| 他们 | pr. | tāmen | they, them | 甲 |

本课新字 New Characters

们

听力 Listening

（一）听韵母，然后跟读（每个读两遍）
　　Listen to the finials, then read after the record (Read each twice)

（二）听并写出音节，然后跟读（每个读两遍）
　　Listen and write out the syllables, then read after the record (Read each twice)

(三) 听辨并画出你听到的韵母（每个读两遍）
Listen to the following syllables and underline the finials you hear (Read each twice)

1. b { an / ang / en }   2. f { fang / en / eng }   3. d { an / eng / ong }

4. g { ang / eng / ong }   5. k { a / an / ai }   6. t { ei / ong / eng }

(四) 选择你听到的声调 **Choose the tones you hear**

	ˉ	ˊ	ˇ	ˋ
fan				
lang				
den				
beng				
tong				

(五) 听辨并画出你听到的音节
Listen and underline the syllables you hear

pān–pán   nóng–nòng   tēng–téng   kǎn–kàn   tāng–tàng

bàn–pàn   nóng–lóng   dèn–dèng   tēng–dēng   kàn–gàng

hén–héng   bān–pāng   dǎn–tǎng   mén–néng   tǒng–dǒng

(六) 在横线上填出你听到的音节
Fill in the blanks with the syllables you hear

1. Fǎyǔ hěn_____.

2. Māma_____ ài Fāng_____.

3. Nǐ mǎi_____, tā mǎi_____.

4. Tái shang fàng ge_____, dēng páng fàng ge_____.

5. _____húle yí ge fěn_____long, _____húle yí ge hóng dēng_____.

会话 Conversations

一 课文 Text

（一）你忙吗？

A: Nǐ hǎo!
   你 好！

B: Nǐ hǎo!
   你 好！

A: Nǐ máng ma?
   你 忙 吗？

B: Hěn máng.
   很 忙。

A: Nǐ bàba māma hǎo ma?
   你 爸爸 妈妈 好 吗？

B: Hěn hǎo.
   很 好。

A: Tāmen máng ma?
   他们 忙 吗？

B: Bú tài máng.
   不 太 忙。

(二) 汉语难吗？

A：Hànyǔ nán ma?
　　汉语 难 吗？

B：Hěn nán.
　　很 难。

A：Fǎyǔ nán ma?
　　法语 难 吗？

B：Fǎyǔ bù nán.
　　法语 不 难。

二 练习 Exercises

(一) 朗读并辨音 Read and identify

bān–bāng　　dǎn–dǎng　　fèn–fèng　　hén–héng　　hāng–hōng

gàng–gòng　　gǎn–gěn　　kāi–kān　　kào–kàng　　méi–mén

měi–měng　　néng–nóng　　néng–náng　　tǎng–dǎng　　bēng–pēng

(二) 朗读拼音 Read the *pinyin*

dōngfāng　　dōngdān　　dōngnán　　tānlán　　tánfēng　　tǎndàng　　tánpàn

tángfáng　　tángdàn　　tángláng　　pēnbó　　pēnfā　　pēntì　　pēntú

péngdǎng　　péndì　　pénglái　　pěnggén　　pèngtóu　　néngdòng　　nénggàn

lóngdēng　　lóngdǎn　　lónggōng　　lóngmén

(三) 朗读词语 Read the words and phrases

好爸爸　　好妈妈　　大哥　　你妹妹　　他弟弟

忙吗　　很难　　不太难　　汉语　　法语

(四) 朗读下列句子，注意语音语调
Read the sentences and pay attention to the pronunciation and intonation

1. 妈妈很好。
2. 爸爸很忙。
3. 哥哥不太忙。
4. 你忙吗？
5. 汉语难吗？

(五) 完成对话　**Complete the dialogue**

A：_____？
B：很好。
A：你忙吗？
B：_____。

(六) 情景会话　**Situational conversations**

1. 在路上遇到一个一段时间没见面的朋友，互相问候。
   You come across a friend on the road, whom you haven't met for some time. You greet each other.

2. 跟同学互相谈谈自己国家的语言难不难。
   Have a talk with your classmates on whether your mother tongue is difficult or not.

(七) 读一读下面的绕口令，比比谁读得准、读得快
Read the following tongue-twister to see who can read quickest and best

Mìfēng ài láodòng
蜜蜂 爱 劳动

Wēng wēng wēng, wēng wēng wēng,
嗡 嗡 嗡， 嗡 嗡 嗡，

第二课 你忙吗?

Mìfēng mìfēng ài láodòng.
蜜蜂 蜜蜂 爱 劳动。

Bù kěn gànhuó bù dòng gōng,
不 肯 干活 不 动 工,

Nǎlǐ néng guò dōng?
哪里 能 过 冬?

Wēng wēng wēng, wēng wēng wēng.
嗡 嗡 嗡, 嗡 嗡 嗡。

Bees love to work

Weng weng weng, weng weng weng,

Bees love to work.

If bees do not work,

How can they live in winter?

Weng weng weng, weng weng weng.

第三课 今天星期几？

Lesson 3 What's day today?

生词 New Words

1. 小	adj.	xiǎo	young; small, little, petty	甲
2. 好久	adj.	hǎojiǔ	a long time	乙
3. 见	v.	jiàn	meet, call on, see	甲
见到	v (c)	jiàndào	see, meet	
4. 高兴	adj.	gāoxìng	glad, happy, cheerful	甲
5. 学校	n.	xuéxiào	school, educational institution	甲
6. 电影	n.	diànyǐng	film, movie	甲

▶ 专名 Proper Nouns

1. 江	Jiāng	surname
2. 钱	Qián	surname
3. 法国	Fǎguó	France

本课新字 New Characters

听力 Listening

（一）听音节，填出你听到的声母（每个读两遍）
Listen to the syllables and write out the initials you hear （Read each twice）

____ia ____ie ____ue ____iao ____iong ____iu ____ing

（二）听音节，填出你听到的韵母（每个读两遍）
Listen to the syllables and write out the finals you hear （Read each twice）

j____ j____ j____ j____ j____ j____ j____ j____

q____ q____ q____ q____ q____ q____ q____ q____

x____ x____ x____ x____ x____ x____ x____ x____

（三）听并写出音节，然后跟读（每个读两遍）
Listen and write out the syllables, then read after the record （Read each twice）

_____   _____

_____   _____

_____   _____

_____   _____

（四）听辨并画出你听到的声母（每个读两遍）
Listen and identify, and then underline the initials you hear （Read each twice）

1. j/q }ia   2. q/x }ie   3. j/x }un

4. j/q/x } uan   5. j/q/x } ing   6. j/q/x } iang

（五）听辨并画出你听到的韵母（每个读两遍）

Listen and identify, and then underline the finials you hear (Read each twice)

1. j { ian / iang / in }   2. q { iao / ia / iang }   3. x { in / ing / un }

4. q { ue / ie / uan }   5. x { iu / ia / ie }   6. j { iu / iao / ia }

（六）选择你听到的声调（每个读两遍）

Choose the tones you hear (Read each twice)

	ˉ	ˊ	ˇ	ˋ
jie				
qiao				
xiu				
jun				
xing				

（七）在横线上填出你听到的音节（每个读两遍）

Fill in the blanks with the syllables you hear (Read each twice)

1. Māma _____ diǎn xià bān.

2. Tā _____ diǎn qǐ chuáng.

3. _____ nǐ hǎohāo _____ .

4. Bàba jì _____ , gēge jì _____ .

5. Jiǎngjiā qìle yì dǔ qiáng, _____ jiā yǎngle yì tóu _____ .

第三课　今天星期几？

会话 Conversations

一 课文 Text

（一）好久不见

A：Nǐ hǎo, Xiǎo Jiāng!
　　你好，小江！

B：Nǐ hǎo, Xiǎo Qián!
　　你好，小钱！

A：Hǎojiǔ bú jiàn.
　　好久不见。

B：Hǎojiǔ bú jiàn, jiàndào nǐ hěn gāoxìng.
　　好久不见，见到你很高兴。

（二）今天星期几？

A：Xiǎo Jiāng, jīntiān xīngqī jǐ?
　　小江，今天星期几？

B：Xīngqīwǔ.
　　星期五。

A：Xuéxiào yǒu diànyǐng ma?
　　学校有电影吗？

B：Yǒu, yǒu Fǎguó diànyǐng.
　　有，有法国电影。

二 练习 Exercises

(一) 朗读并辨音　Read and identify

jiǎo—jiǎn　　qiā—qiē　　xùn—xuàn　　jiē—jiā　　qīn—qīng
jiāng—qiāng　jiǎ—qiǎ　　xùn—jùn　　xiān—qiān　qióng—xióng
quán—xuán　qiú—xiū　　qiē—jié　　jūn—quán　jiǎn—xiǎng

(二) 朗读拼音　Read the pinyin

jìjiào　　jùjiāo　　juéjiàng　　jiǎngjiu　　qiánqī　　qièqǔ　　qiàqiǎo
qíngqù　　xǐxùn　　xuánxū　　xiāngxìn　　xiūxi　　jiēqià　　jiājià
xiàjià　　qǐjìn　　qiānxū　　jìqiǎo　　jìxù　　jiǎngxiàng

(三) 朗读词语　Read the words and phrases

大哥哥　小弟弟　好学校　汉语课　英语课　法语课　法国电影
英国电影　你的信　妈妈的信　很高兴　不高兴　见到你　见到他

(四) 朗读下列句子，注意语音语调

Read the sentences and pay attention to the pronunciation and intonation

1. 请进！
2. 见到你很高兴！
3. 今天星期几？
4. 今天有汉语课。
5. 学校有法国电影。

(五) 完成对话　Complete the dialogues

1. A：谢谢！
   B：_____。

2. A：好久不见。
   B：好久不见，_____。

3. A：_____？
   B：今天星期三。

（六）情景会话　Situational conversations

1. 遇见一个较长时间没见的朋友，互相问候并简单询问对方的情况。
   You come across a friend whom you haven't met for a long time. You greet each other and ask how the other is getting on.

2. 询问今天星期几和今天有什么课。
   Ask what day today is and what classes you have today.

（七）读一读下面的绕口令，比比谁读得准、读得快
Read the following tongue-twister to see who can read quickest and best

Qī　jiā　yī
七 加 一

Qī jiā yī, qī jiǎn yī, jiāwán jiǎnwán děngyú jǐ ?
七 加 一，七 减 一，加完 减完 等于 几？

Qī jiā yī, qī jiǎn yī, jiāwán jiǎnwán háishi qī.
七 加 一，七 减 一，加完 减完 还是 七。

Seven Plus One

Seven plus one, seven minus one, what is the result after plus and minus?
Seven plus one, seven minus one, after plus and minus, it is still seven.

Jīngjù　yǔ　jǐngjù
京剧 与 警句

Jīngjù jiào jīngjù, jǐngjù jiào jǐngjù.
京剧 叫 京剧，警句 叫 警句。

Jīngjù bù néng jiào jǐngjù, jǐngjù bù néng jiào jīngjù.
京剧 不 能 叫 警句，警句 不 能 叫 京剧。

Peking Opera and Proverbs

Peking Opera is called jīngjù, proverbs are called jǐngjù.
Peking Opera cannot be called jǐngjù, proverbs cannot be called jīngjù.

第四课 这是什么？

Lesson 4 What's this?

生词 New Words

1.	介绍	v.	jièshào	introduce	甲
2.	一下		yíxià	one time, once	甲
3.	先生	n.	xiānsheng	Mister (Mr.), sir	甲
4.	老师	n.	lǎoshī	teacher	甲
5.	欢迎	v.	huānyíng	welcome	甲
6.	您	pr.	nín	you (polite singular)	甲
7.	也	adv.	yě	also, too, either	甲
8.	早	adj.	zǎo	early	甲
9.	你们	pr.	nǐmen	you (plural)	甲
10.	课本	n.	kèběn	textbook	甲

▶ 专名 Proper Nouns

丁荣	Dīng Róng	name of a person

听力 Listening

(一) 听音节，填出你听到的声母（每个读两遍）
Listen to the syllables and write out the initials you hear (Read each twice)

____i   ____i   ____ua   ____uo

____ui   ____un   ____uan   ____uan

____ua   ____ua   ____un   ____un

____uang   ____uang   ____un   ____uo

(二) 听音节，填出你听到的韵母（每个读两遍）
Listen to the syllables and write out the finals you hear (Read each twice)

r____   sh____   sh____   zh____   zh____   c____   w____   c____

s____   s____   sh____   sh____   ch____   ch____   z____   zh____

(三) 听并写出音节，然后跟读（每个读两遍）
Listen and write out the syllables, then read after the record (Read each twice)

_____   _____   _____   _____

_____   _____   _____   _____

_____   _____   _____   _____

_____   _____   _____   _____

(四) 听辨并画出你听到的声母（每个读两遍）

Listen and identify, and then underline the initials you hear (Read each twice)

1. z / s / zh } ou
2. c / s / ch } ui
3. s / z / ch } un
4. z / c / s } uo
5. zh / ch / sh } uan
6. zh / ch / sh } uang

(五) 听辨并画出你听到的韵母（每个读两遍）

Listen and identify, and then underline the finials you hear (Read each twice)

1. z { an / uan / un
2. c { uan / ui / uo
3. s { ui / un / uo
4. zh { ua / uan / uang
5. ch { uai / uan / uang
6. sh { ua / uo / uai

(六) 选择你听到的声调（每个读两遍）

Choose the tones you hear (Read each twice)

	ˉ	ˊ	ˇ	ˋ
rui				
zuo				
shuan				
chun				
zhuai				

（七）在横线上填出你听到的音节（每个读两遍）
Fill in the blanks with the syllables you hear (Read each twice)

1. Tā_____ diǎn huí sùshè.

2. Qǐng nín_____ shuō yí biàn.

3. Lǎoshī_____ diǎn_____ huí jiā.

4. Wǒ shì_____ mén lái gào_____ nǐ zhè jiàn shì de.

5. Zhè shì_____ xiānsheng, zhè shì_____ xiānsheng.

会话 Conversations

一 课文 Text

（一）介 绍

A: Wǒ jièshào yíxià, zhè shì Jiāng xiānsheng, zhè shì Qián lǎoshī.
我介绍一下，这是江先生，这是钱老师。

B: Huānyíng nín, Jiāng xiānsheng!
欢迎您，江先生！

C: Xièxie, jiàndào nín hěn gāoxìng.
谢谢，见到您很高兴。

B: Jiàndào nín, wǒ yě hěn gāoxìng.
见到您，我也很高兴。

(二) 这是什么？

A: Lǎoshī zǎo!
　　老师　早！

B: Dīng Róng, nǐ zǎo!
　　丁　荣，　你　早！

A: Lǎoshī qù nǎr?
　　老师　去　哪儿？

B: Wǒ qù jiàoshì.
　　我　去　教室。

A: Wǒ yě qù. Lǎoshī, zhè shì shénme?
　　我　也　去。老师，　这　是　什么？

B: Zhè shì nǐmen de kèběn.
　　这　是　你们　的　课本。

二 练习 Exercises

(一) 朗读并辨音　Read and identify

zū–zhuō　　zuān–zhuān　　zuì–zhuī　　cuī–chuī　　cún–chún

cāng–chuāng　wēn–wēng　　zhuā–shuā　suān–sūn　shuài–shuì

chuān–chūn　zhuàng–zhuǎn　cuì–cuò　　cūn–cuī　　suī–suǒ

(二) 朗读拼音　Read the *pinyin*

zhuānzhí　　　zhuózhuàng　　　chángchéng

chuānchā　　　shōushuì　　　　shàoshuài

róuruǎn　　ruǎnruò　　zàizǎo　　zàizuò　　còuqiǎo　　cūcāo

sīsuǒ　　sōngsǎn　　gū'ér　　yòu'ér　　zànxíng　　zànchéng

第四课　这是什么？

| zásè | zāiqíng | zāixīng | zǎishā | zàisān | còushù |
| cǎoshuài | cízǎo | sǎnshè | sǎngzi | sīxiǎng | sīcháo |

（三）朗读词语　**Read the words and phrases**

你好　　早上好　　谢谢　　再见　　去哪儿　　去食堂
去教室　回宿舍　　不大　　很好　　很高兴　　介绍一下
来一下　欢迎你们　欢迎老师

（四）朗读下列句子，注意语音语调
Read the sentences and pay attention to the pronunciation and intonation

1. 这是什么？
2. 你去哪儿？
3. 你去食堂吗？
4. 早上好！
5. 我介绍一下，这是江先生。
6. 见到您很高兴。

（五）完成对话　**Complete the dialogues**

1. A：_____。
   B：这是词典。

2. A：早上好！
   B：_____。

3. A：_____，这是江先生，这是钱先生。
   B：_____。
   C：_____。

4. A：欢迎您来中国！
   B：_____。

(六) 情景会话　Situational conversations

1. 给你的两个朋友作介绍，然后他们互相寒暄。
   Introduce two of your friends to each other, and then they have a talk by themselves.

2. 在路上遇到一个朋友，跟他聊一聊，问他去哪儿，他拿的是什么东西等。
   You come across a friend on the road. You have a chat with him, and ask where he is going to and what is in his hand?

(七) 读一读下面的绕口令，比比谁读得准、读得快

Read the following tongue-twister to see who can read quickest and best

Sì shì sì, shí shì shí, shísì shì shísì, sìshí shì sìshí.
四是四，十是十，十四是十四，四十是四十。

Bú yào bǎ shísì shuōchéng sìshí,
不要把十四说成四十，

Yě bú yào bǎ sìshí shuōchéng shísì.
也不要把四十说成十四。

Four is sì, ten is shí, fourteen is shísì and forty is sìshí.

Do not read fourteen as forty, and do not read forty as fourteen.

第五课　复习（一）
Lesson 5　Review I

生词 New Words

1. 朋友	n.	péngyou	friend	甲
2. 认识	v.	rènshi	know, recognize	甲
3. 来	v.	lái	come, arrive	甲
4. 身体	n.	shēntǐ	body	甲
5. 比较	adv.	bǐjiào	comparatively, relatively	甲
6. 我们	pr.	wǒmen	we, us	甲

▶ 专名　Proper Nouns

1. 波伟	Bōwěi	name of a person
2. 张	Zhāng	surname
3. 中国	Zhōngguó	China

本课新字 New Characters

朋　友　认　识　来　身　体　比　较

25

听力 Listening

(一) 听音节，填出你听到的声母（每个读两遍）

Listen to the syllables and write out the initials you hear (Read each twice)

___i	___ua	___ie	___ia	___iao
___an	___üe	___un	___a	___iang
___o	___uo	___ui	___an	___ing
___ong	___u	___ou	___an	___e
___ie	___uan	___ou	___uo	___en
___an	___eng	___ong	___u	___iong

(二) 听音节，填出你听到的韵母（每个读两遍）

Listen to the syllables and write out the finals you hear (Read each twice)

b___	b___	b___	b___	b___
c___	c___	c___	c___	c___
d___	d___	d___	d___	d___
p___	p___	p___	p___	p___
n___	n___	n___	n___	n___
l___	l___	l___	l___	l___
zh___	zh___	zh___	zh___	zh___
sh___	sh___	sh___	sh___	

(三) 听辨并画出你听到的声母（每个读两遍）

Listen and identify, and then underline the initials you hear (Read each twice)

第五课 复习(一)

5. g/k/h } ai   6. j/q/x } ie   7. zh/ch/sh } ua   8. z/c/s } ao

9. s/z/sh } un   10. b/p/m } o   11. zh/j/z } un   12. ch/c/q } uan

(四) 听辨并画出你听到的韵母（每个读两遍）
Listen and identify, and then underline the finials you hear (Read each twice)

1. b { o / u / a }   2. n { i / u / ü }   3. p { ei / ai / ao }

4. l { ie / ei / üe }   5. c { en / eng / un }   6. zh { u / ui / uai }

7. sh { ua / uan / uai }   8. j { un / uan / ing }   9. x { iong / in / ing }

(五) 选择你听到的词语（每个读两遍）
Choose the phrases you hear (Read each twice)

bānzhǎng–páizhǎng   bìbèi–píbèi   mǎimai–máfan
máimò–fāméi   diēdǎ–tiētǎ   dāobīng–táobīng
niánxiàn–liánxiàn   liúlǎn–niúnǎi   gēnggǎi–kěngàn
kònggào–gōnggào   guīgé–huìhé   hǎizǎo–gǎizào
kèwài–géwài   jiànbié–qiánbian   jiànjiāo–jiànqiáo

27

qǐfú–xīfú	xiāojí–qiāojī	zìzhǔ–zhīzú
sūxǐng–shūxīn	cízǎo–chízǎo	zìsī–shìshí
zhīdao–chídào	zhuānxīn–shànxīn	huíliú–chuīniú

（六）选择你听到的句子（每个读两遍）
Choose the sentences you hear（Read each twice）

1. A. Bàba qī diǎn huílai.　　B. Bàba jiǔ diǎn huílai.
   C. Bàba jǐ diǎn huílai?

2. A. Tā shì Xiǎonán.　　B. Tā shì Xiǎolán.
   C. Tā shì Xiǎoliáng.

3. A. Wǒ yào yìdiǎn yān.　　B. Wǒ yào yìdiǎn yán.
   C. Wǒ yào yìdiǎn yáng.

4. A. Xiǎomài xiǎng pá shān.　　B. Xiǎomài xiān pá shān.
   C. Xiǎomèi xiǎng pá shān.

5. A. Xiǎogāng hé Xiǎoguāng xiǎng mǎi bǐ.
   B. Xiǎogāng hé Xiǎohuáng xiǎng mǎi bǐ.
   C. Xiǎohuáng hé Xiǎoguāng xiǎng mǎi bǐ.

会话 Conversations

一 课文 Text

A: Lǎoshī hǎo!
　　老师 好!

B: Nǐ hǎo, Dīng Róng!
　　你好, 丁 荣!

第五课 复习（一）

A： Lǎoshī, wǒ jièshào yíxià, zhè shì wǒ de péngyou Bōwěi,
老师，我 介绍 一下，这 是 我 的 朋友 波伟，

tā yě xuéxí Hànyǔ. Bōwěi, zhè shì Zhāng lǎoshī!
他 也 学习 汉语。波伟，这 是 张 老师！

C： Zhāng lǎoshī hǎo!
张 老师 好！

B： Nǐ hǎo, Bōwěi, rènshi nǐ hěn gāoxìng, huānyíng nǐ lái
你 好，波伟，认识 你 很 高兴， 欢迎 你 来

Zhōngguó.
中国。

C： Xièxie! Rènshi nín wǒ yě hěn gāoxìng.
谢谢！认识 您 我 也 很 高兴。

B： Hànyǔ nán ma?
汉语 难 吗？

C： Bú tài nán.
不 太 难。

B： Dīng Róng, nǐ xuéxí máng ma? Shēntǐ hǎo ma?
丁 荣，你 学习 忙 吗？身体 好 吗？

A： Xièxie lǎoshī! Wǒ xuéxí bǐjiào máng, shēntǐ hěn hǎo!
谢谢 老师！我 学习 比较 忙， 身体 很 好！

B： Nǐmen qù nǎr?
你们 去 哪儿？

A： Wǒmen huí sùshè.
我们 回 宿舍。

```
        Hǎo, zàijiàn!
B: 好， 再见！

        Zàijiàn!
A: 再见！
```

二 练习 Exercises

（一）朗读并辨音 Read and identify

bāobàn	běibù	pápō	pǐpèi	mǎimai	mángmù
bǎngfù	fānfēi	diàodù	dǎdiǎn	tuántǐ	téngtòng
niǔniē	nínìng	liáoliàng	lǐnglüè	gǔguài	gēnggǎi
kāngkǎi	kèkǔ	huǎnhé	hùnhé	jiǎngjiu	jùjiāo
qīngquán	qiànquē	jiějué	jīngjù	qīqiāo	qīnqiè
xiūxi	xiǎoxué	zhōngzhǐ	zhuózhuàng	chāichuān	chōngchì
shēnshì	shōushuǐ	róngrǔ	róurèn	zànzhù	zàngzú
cuòcí	cùncǎo	sèsù	sōusuǒ	sìsàn	

（二）轻声和变调 Neutral tone and modulation

1. 轻声 Neutral tones

gēbo	húlu	bāge	xiàngsheng	nüèji
xiānsheng	dìxia	zǒuzou	kànkan	māma
bàba	zhuōzi	dèngzi	yǐzi	wǒmen
nǐmen	tāmen	wūli	hǎo ma	nǐ ne
zǎoshang				

2. 三声变调 Modulations of the third tone

mǐngǎn	gǔwǔ	chǎnpǐn	yǒngyuǎn	yǔfǎ
bǎomǎn	gǎnkǎi	fǔdǎo	fěnbǐ	shǒudū
yǎnjing	huǒchē	lǐhuā	hǎiyáng	diǎnxíng
dǎoyóu	biǎodá	nǚshì	měilì	fǎyuàn
pǎobù	lǎoshi	zhěntou	wǎnshang	zǎochen

第五课 复习（一）

3. "一"的变调   Modulations of "一"

yízài   yídìng   yílù   yíshùn   yígòng   yídài
yíxiàng   yīyuè   yízhì   yìpī   yìjiā   yìzǎo
yìwǎn   yìcháo   yìxíng   yìhuǎng   yìqǐ   yìshí
kàn yi kàn   xiě yi xiě   xiǎng yi xiǎng   dú yi dú   shì yi shì

4. "不"的变调   Modulations of "不"

búcuò   búdàn   bú kàn   bú pà   bú yào
bú jiào bú mà   búlùn   búbiàn   búbì
búgù   búkuì   búliǎo   búyòng   búduàn
búguò   shì bu shì dùi bu duì lèi bu lèi qù bu qù
bǐ bu bǐ

（三）朗读词语并写出拼音

Read the words and then write out *pinyin* for each of them

一 ___	二 ___	三 ___	四 ___
五 ___	六 ___	七 ___	八 ___
九 ___	十 ___	爸爸 ___	妈妈 ___
哥哥 ___	弟弟 ___	姐姐 ___	妹妹 ___
您 ___	你们 ___	我们 ___	他们 ___
食堂 ___	宿舍 ___	教室 ___	学校 ___
老师 ___	学生 ___	留学生 ___	欢迎 ___
介绍 ___	认识 ___	书 ___	课本 ___
词典 ___	电影 ___	什么 ___	哪儿 ___
不 ___	比较 ___	很 ___	好 ___
早 ___	高兴 ___		

（四）朗读并背诵下列句子，注意语音语调

Read and recite the following sentences and pay attention to the pronunciation and intonation

1. 汉语难吗？

31

2. 你身体好吗?

3. 你去哪儿?

4. 这是什么?

5. 今天星期几?

6. 好久不见，见到你很高兴。

7. 我介绍一下，这是我爸爸，这是张老师。

8. 欢迎你来中国。

（五）完成对话　Complete the dialogues

1. A：你好！

   B：_____。

2. A：_____。

   B：不客气。

3. A：_____。

   B：再见。

4. A：_____？

   B：这是课本。

5. A：_____？

   B：很好，谢谢！

（六）情景会话　Situational conversations

1. 早上在教室见到老师，互相问候。

   In the morning, you meet your teacher in the classroom and you greet each other.

2. 给爸爸妈妈打电话，简单说说你的情况。

   Make a phone call to your parents and tell them your situations briefly.

3. 给你的爸爸和老师作介绍，他们互相问候寒暄。

   Make introductions between your father and your teacher, and then they greet each other.

4. 朋友来宿舍给你送你的信，你表示感谢。

　　Your friend sends you a letter to your dormitory. You thank him.

5. 谈论今天星期几和有什么课。

　　Talk about what day today is and what classes you have today.

(七) 读一读下面的绕口令，比比谁读得准、读得快

Read the following tongue-twister to see who can read quickest and best

Shǔ yāzi
数 鸭子

（Bái) Mén qián dàqiáo xià, yóuguò yì qún yā.
（白） 门 前 大 桥 下， 游过 一 群 鸭。

Kuài lái kuài lái shǔ yi shǔ, èr sì liù qī bā.
快 来 快 来 数 一 数， 二 四 六 七 八。

(Chàng) Mén qián dàqiáo xià, yóuguò yì qún yā.
（唱） 门 前 大 桥 下， 游过 一 群 鸭。

Kuài lái kuài lái shǔ yi shǔ, èr sì liù qī bā.
快 来 快 来 数 一 数， 二 四 六 七 八。

Gā gā gā gā zhēn ya zhēn duō ya.
嘎 嘎 嘎 嘎 真 呀 真 多 呀。

Shǔ bu qīng dàodǐ duōshao yā,
数 不 清 到底 多少 鸭，

Shǔ bu qīng dàodǐ duōshao yā.
数 不 清 到底 多少 鸭。

Gǎn yā lǎoyéye, húzi báihuāhuā,
赶 鸭 老爷爷， 胡子 白花花，

Chàng ya chàngzhe jiāxiāngxì, hái huì shuō xiàohua.
唱 呀 唱着 家乡戏， 还 会 说 笑话。

Xiǎoháir xiǎoháir   kuàikuài shàng xuéxiào,
小孩儿 小孩儿　　快快　上　　学校，

Bié kǎo ge yādàn bàohuí jiā.
别 考 个 鸭蛋 抱回 家。

(Bái) Mén qián dàqiáo xià, yóuguò yì qún yā.
（白） 门　前　大桥　下，游过 一 群 鸭。

Kuài lái kuài lái shǔ yi shǔ, èr sì liù qī bā.
快　来 快 来 数 一 数，二 四 六 七 八。

Counting ducks

(Narrating) A flock of ducks is swimming under the bridge in front of the door. Come! Come quickly to count the ducks, two, four, six, seven and eight.

(Singing) A flock of ducks is swimming under the bridge in front of the door. Come! Come quickly to count the ducks, two, four, six, seven and eight.

Gaga gaga, there are so many ducks.

We cannot count up the exact amount of ducks.

Duck-driving grandpa, his beard is white,

He can sing the folk opera, and can tell the jokes.

Kids, kids, go to the school now,

Do not bring home a duck egg (zero point) from the examination.

(Narrating) A flock of ducks is swimming under the bridge in front of the door. Come! Come quickly to count the ducks, two, four, six, seven and eight.

第六课 同学们，早上好！
Lesson 6 Good morning, everyone!

生词 New Words

听力部分　Listening Part

1. 姐姐	n.	jiějie	elder sister, older sister	甲
2. 发音	v.o.	fā yīn	pronounce, pronunciation	
3. 汉字	n.	Hànzì	Chinese character	甲
4. 工作	v., n.	gōngzuò	job; work	甲
5. 容易	adj.	róngyì	easy	甲
6. 男	adj.	nán	man, male	甲
7. 女	adj.	nǚ	woman, female	甲
8. 上课	v.o.	shàng kè	go to class, give lessons	甲
9. 没有	v.	méiyǒu	not have, without	甲
10. 外语	n.	wàiyǔ	foreign language	甲

会话部分　Conversation Part

1. 同学	n.	tóngxué	fellow student, schoolmate	甲
2. 们	suf.	men	plural for pronouns and human nouns	
3. 觉得	v.	juéde	think, feel	甲

专名 Proper Nouns

1. 美国　　　　Měiguó　　　　the United States of America, USA
2. 泰国　　　　Tàiguó　　　　Tailand

本课新字 New Characters

| 姐 | 发 | 音 | 工 | 作 | 容 | 易 | 男 | 女 |
| 没 | 外 | 同 | 觉 | 得 |

听力 Listening

一 听力理解 Listening comprehension

（一）听下面的句子并选择正确答案

Listen to the following sentences and then choose the right answers

1. A. 汉语　　　　B. 法语　　　　C. 英语

2. A. 波伟是留学生，姐姐不是留学生
   B. 波伟不是留学生，姐姐是留学生
   C. 波伟和他姐姐都是留学生

3. A. 汉语的发音　　B. 汉字　　　C. 汉语的发音和汉字
4. A. 谢谢你　　　　B. 不客气　　C. 早上好
5. A. 美国人　　　　B. 中国人　　C. 英国人
6. A. 丁荣　　　　　B. 波伟　　　C. 丁荣和波伟
7. A. 星期五　　　　B. 星期六　　C. 星期天
8. A. 不忙　　　　　B. 不太忙　　C. 很忙
9. A. 英语　　　　　B. 法语　　　C. 汉语
10. A. Zhuāng　　　B. Jiāng　　　C. Zhāng

（二）听下面的对话并选择正确答案
Listen to the following conversations and then choose the right answers

1. A. 波伟　　　　B. 丁荣　　　　C. 丁丁
2. A. 美国人　　　B. 中国人　　　C. 英国人
3. A. 男的今天去学校
   B. 女的今天没有课
   C. 今天是星期六
4. A. 丁荣　　　　B. 波伟　　　　C. 波伟的哥哥
5. A. 爸爸身体好，妈妈身体也很好
   B. 爸爸身体不好，妈妈身体很好
   C. 爸爸身体很好，妈妈身体不好
6. A. Tián　　　　B. Qián　　　　C. Quán
7. A. 法国学生　　B. 美国学生　　C. 英国学生
8. A. 食堂　　　　B. 宿舍　　　　C. 教室
9. A. 丁荣　　　　B. 波伟　　　　C. 丁荣和波伟
10. A. 他们都学习汉语
    B. 男的学习汉语，女的学习英语
    C. 男的学习英语，女的学习汉语

二 语音语调 Pronunciation and intonation

（一）听后填出声母　**Write out the initials after listening**

___èi　___àn	___ì　___ù	___ěi　___āng	___ù　___ù
___āi　___ài	___í　___ū	___ài　___ó	___ào　___ái
___ó　___àn	___ān　___ù	___éi　___àng	___ù　___ǔ
___āng　___áng	___īng　___ēng	___īn　___ó	___iàn　___iàn
___èi　___āng	___áo　___ǐ	___éng　___iàn	___ì　___ēng
___ǎn　___ó	___èi　___ǐn	___ēn　___íng	___ēn　___ǎo

（二）听后填出韵母　**Write out the finals after listening**

t___　jìn　　　wēix___　　　j___　jù　　　x___　yuán

j___shì	j___qǔ	húd___	x___qì
l___hén	y___shù	j___b___	j___j___
d___x___	q___q___	j___y___	j___j___
j___l___	j___l___	x___j___	m___j___

（三）听后填出声调　Write out the tones after listening

anxin	jietou	beiju	banshou	kongqian
jiaban	beidai	kaihuai	huanhu	xiuyang
chaozai	shenyin	youjiu	shuofu	jiaotong
zhenli	tiantang	biansai	xingqi	quzhu

会话　Conversations

一 课文　Text

（一）认识你很高兴

A：Nǐ hǎo!
你好!

B：Nǐ hǎo!
你好!

A：Wǒ shì Bōwěi, nǐ jiào shénme míngzi?
我是波伟，你叫什么名字?

B：Wǒ jiào Dīng Róng.
我叫丁荣。

A：Wǒ shì Tàiguórén.
我是泰国人。

B：Wǒ shì Yīngguórén, rènshi nǐ hěn gāoxìng.
我是英国人，认识你很高兴。

A：　Rènshi nǐ wǒ yě hěn gāoxìng.
　　认识你我也很高兴。

B：　Nǐ qù nǎr?
　　你去哪儿？

A：　Wǒ qù jiàoshì.
　　我去教室。

B：　Zàijiàn.
　　再见。

A：　Zàijiàn.
　　再见。

（二）同学们，早上好！

A：　Tóngxuémen, zǎoshang hǎo!
　　同学们，早上好！

B/C：Zǎoshang hǎo, lǎoshī.
　　早上好，老师。

A：　Wǒmen rènshi yíxià, wǒ xìng Zhāng, shì nǐmen de
　　我们认识一下，我姓张，是你们的
　　Hànyǔ lǎoshī. Nǐ jiào shénme míngzi?
　　汉语老师。你叫什么名字？

B：　Wǒ jiào Bōwěi, shì Tàiguórén.
　　我叫波伟，是泰国人。

C：　Wǒ xìng Dīng, jiào Dīng Róng, shì Yīngguórén.
　　我姓丁，叫丁荣，是英国人。

A：　Nǐmen xǐhuan Hànyǔ ma?
　　你们喜欢汉语吗？

Hěn xǐhuan.
B/C：很 喜欢。

Juéde Hànyǔ nán ma?
A：觉得 汉语 难 吗？

Bú tài nán.
B：不 太 难。

Wǒ juéde Hànyǔ hěn nán.
C：我 觉得 汉语 很 难。

二 注释 Notes

（一）同学们　Everyone

"们"可以用在代词后面，表示复数，如：我们、你们、他们。也可以放在指人的名词后面表示复数。如：同学们、老师们、朋友们。

注意：名词前有数量词时，后面不能加"们"。

们 is used after a pron, means plural form, for example：我们 (we)，你们 (you) and 他们 (they). It can also be placed after noun of people, which used as the plural form, for example：同学们 (classmates)，老师们 (teachers) and 朋友们 (friends)

们 (men) cannot be added after a noun with a quantity word before it.

（二）早上好　Good morning

早上（一般在上午九点以前）见面时的打招呼用语，有时也说"早晨好"或"你（您）早"，对方的回答也是"早上好"、"早晨好"或"你（您）早"。

早上, is used in greeting when meeting somebody in the morning, especially before 9 am. Sometimes, one can also say 早晨好 (good morning) or 你（您）早 (good morning). The answer is also 早上好, 早晨好 or 你（您）早.

三 语音语调 Pronunciation and intonation

（一）词重音（1）　Word stress (1)

汉语双音节词和多音节词中总有一个音节读得重一些，这个重读音节就叫词重音。大部分词的重音在最后一个音节上。我们用音节下面加"·"来表示词重音。如：

There is always one syllable in a double-syllable or multi-syllable word in Chinese which must be read with stress. This syllable is called word stress. Most of the word stresses lie on the last syllable. A word stress is marked by putting a dot under that syllable. For example：

汉语　　　　发音　　　　英语
星期一　　　留学生　　　中国人

（二）语调（1） Intonation (1)

汉语的语调变化大致有降调、升调、平调和曲折调等几种。普通话语调的两种最基本的类型是降调和升调。降调是句尾降低的调子，升调是句尾升起的调子。

Approxicately, Chinese intonation diversification can be divided into falling intonation, rising intonation, flat intonation and sinuous intonation. Two basic intonations of Putonghua are rising intonation and falling intonation. Falling intonation is to lower the intonation at the sentence end, while a rising intonation is to raising the intonation at the sentence end.

一般来说，一般疑问句读升调，陈述句读降调。如：

Usually, a simple interrogative sentence is read with rising intonation, while a statement is read with a falling intonation. For example：

（1）你是中国人吗？↑

（2）我是中国人。↓

四 练习 Exercises

（一）读出下面的句子

Read out the following sentences

1. Tā duì rén hěn dàfang, bú huì jìjiào zhè jǐ ge qián de.
   Nǐ zhèyàng zuò, jiǎnzhí yào yíxiàodàfāng le.

2. Wǒ zhè ge rén méiyǒu fāngxiànggǎn, huànle ge dìfang jiù fēnbuqīng dōngxī le.

   Nǐ xiǎngxiang kàn, yǒu méiyǒu làxia shénme dōngxi?

3. Zhè ge fànguǎnr de Sìchuāncài zuò de zhēn dìdao.

   Guòqù zhè ge dìfang wāle hěn duō dìdào.

4. Bǎ tā jiǎnghuà de dàyì jì xialai jiù xíng.

   Nǐ tài dàyi le, zhème zhòngyào de shìqing zěnme néng wàngjì ne?

5. Háizi kuài kǎoshì le, búyào gěi tā zēngjiā jīngshén fùdān.

   Tā dǎban yíxià dùnshí xiǎnde jīngshen duō le.

(二) 认读汉字并写出拼音

Learn and read the following characters and give *pinyin* to each of them

姐（　）	发（　）	音（　）	字（　）
工（　）	作（　）	容（　）	易（　）
男（　）	名（　）	女（　）	没（　）
同（　）

(三) 读下面的词语并标出重音

Read the following words and mark their stresses

| 今天 | 学校 | 高兴 | 教室 | 欢迎 |
| 英国人 | 法语书 | 好朋友 | 女同学 | 汉语课 |

(四) 读下面的句子并标出语调的升降

Read the following sentences and mark rising or falling intonation

1. 我学习汉语。
2. 您是张老师吗？
3. 认识您我也很高兴。
4. 你们学校有英国学生吗？
5. 今天是星期天，我们不上课。
6. 我是美国留学生，我学习汉语，你是留学生吗？

（五）用下面的词语各说一句话
Make up a sentence orally with each of the following words

姓　　叫　　和　　都　　喜欢　　容易　　没有

（六）完成对话　Complete the dialogues

1. A：_____！

   B：早上好！

   A：我叫丁荣，_____？

   B：我叫波伟，_____。

   A：我是英国人，认识你很高兴。

   B：_____。

2. A：同学们，_____！

   B/C：早上好，老师。

   A：我_____张，是你们的汉语老师。_____？

   B：我叫波伟，张老师好。

   A：你叫什么名字？

   C：我_____丁，_____丁荣。

   A：很高兴认识你们。

（七）根据实际情况完成下面一段话

Complete the following passage according to the real situation

你们好！我姓_____，叫_____，是_____人。他是我的同学，他叫_____，是_____人。我的老师姓_____，叫_____。

（八）情景会话　Situational conversations

1. 认识两个不同国家的朋友，向他们介绍自己，并询问对方的情况。
   Make two friends from different countries. Introduce yourself to them and get to know them by asking.

2. 认识一位新老师，向他（她）问好并介绍自己。

Get to know a new teacher. Greet her and introduce yourself to her.

（九）读一读下面的绕口令，比比谁读得准、读得快

Read the following tongue-twister to see who can read quickest and best

Shīzi Shān shàng Shīzi Sì, shānsì mén qián sì shīzi.
狮子山 上 狮子寺，山寺 门 前 四 狮子。

Shānsì shì chánsì, shīzi shì shíshī.
山寺 是 禅寺，狮子 是 石狮。

Shīzi kānshǒu Shīzi Sì, chánsì bǎohù shíshīzi.
狮子 看守 狮子寺，禅寺 保护 石狮子。

Lion Temple is on the Lion hill, and four lions lie in front of the temple door.

The temple is a monk one, and the lions are stone one.

The lions guard the Lion Temple while the monk temple cares the stone lions.

第七课　你家有几口人？

Lesson 7　How many people are there in your family?

生词 New Words

听力部分　Listening Part

1.	家	n., m.(n.)	jiā	family, home	甲
2.	多	adj., num.	duō	many, much	甲
3.	外国	n.	wàiguó	foreign country	甲
4.	支	m.(n.)	zhī	measure word for slender objects, songs, etc	甲
5.	图书馆	n.	túshūguǎn	library	甲
6.	新	adj.	xīn	new, fresh, up-to-date	甲
7.	旧	adj.	jiù	old	甲
8.	上午	n.	shàngwǔ	morning, forenoon	甲
9.	公园	n.	gōngyuán	park	甲

会话部分　Conversation Part

1.	口	m. (n.)	kǒu	for family member	甲
2.	家庭	n.	jiātíng	family, household	甲
3.	做	v.	zuò	do, make	甲
4.	医生	n.	yīshēng	doctor, medical man	甲
5.	教师	n.	jiàoshī	teacher	乙

45

专名 Proper Nouns

1. 两江大学　　Liǎngjiāng Dàxué　　Liangjiang University
2. 王明　　　　Wáng Míng　　　　　name of a person

本课新字 New Characters

支　图　馆　新　旧　午　公　园　庭
做　医

听力 Listening

一 听力理解 Listening comprehension

（一）听下面的句子并选择正确答案
Listen to the following sentences and then choose the right answers

1. A. 四口　　　　B. 五口　　　　C. 六口
2. A. 本子　　　　B. 汉语书　　　C. 汉语词典
3. A. 没有　　　　B. 有一个　　　C. 有很多
4. A. 三支　　　　B. 五支　　　　C. 八支
5. A. 语法　　　　B. 听力　　　　C. 口语
6. A. 很多外国人喜欢汉语
   B. 外国人都喜欢汉语
   C. 中国人不喜欢汉语
7. A. 3　　　　　B. 12　　　　　C. 22
8. A. 哥哥　　　　B. 弟弟　　　　C. 姐姐

9. A. 他有三个中国朋友

   B. 他和朋友们一起学习

   C. 他很喜欢他的朋友

10. A. 7 岁 B. 11 岁 C. 17 岁

（二）听下面的对话并选择正确答案

Listen to the following conversations and then choose the right answers

1. A. 汉英词典　　　B. 汉语词典　　　C. 英汉词典
2. A. 3 个　　　　　B. 6 个　　　　　C. 10 个
3. A. 田老师是语法老师

   B. 张老师也教语法

   C. 女的有两位语法老师

4. A. 没有　　　　　B. 有一个　　　　C. 有两个
5. A. 4 个　　　　　B. 5 个　　　　　C. 9 个
6. A. 法语课　　　　B. 语法课　　　　C. 听力课
7. A. 女的　　　　　B. 男的　　　　　C. 丁荣
8. A. 汉语书　　　　B. 法语书　　　　C. 英语书
9. A. 4 个　　　　　B. 10 个　　　　　C. 14 个
10. A. 有中国学生，也有外国学生

    B. 没有中国学生，有外国学生

    C. 有中国学生，没有外国学生

二 语音语调 Pronunciation and intonation

（一）听后填出声母　**Write out the initials after listening**

___ǐ ài	___ǐ ūn	___ǎi è	___áo á
___ǎng i	___uí óng	___ūn óng	___ǔ è
___ū ú	___ún ài	___ù ào	___è ǎi
___āo uì	___ǎo óng	___ōng ǎn	___āng uì

47

（二）听后填出韵母　Write out the finials after listening

tiānc___	yīngg___	qíg___	b___nián
d___dú	h___niàn	d___bǔ	k___xuán
c___liào	liángk___	ch___sàn	k___zi
p___h___	w___l___	h___h___	g___m___
sh___m___	w___k___	h___w___	k___h___

（三）听后填出声调　Write out the tones after listening

fangkong	niancheng	yinghou	xuanshang	pingheng
zhishuai	yangjiao	hongguan	mianyan	zhujian
renlun	xiongzhang	qiangxing	lingkong	shenyong
youguang	weikong	xunfang	yunong	hengwen

会话　Conversations

一　课文　Text

（一）你家有几口人？

A： Wáng Míng, nǐ jiā yǒu jǐ kǒu rén?
　　王　明，你家有几口人？

B： Wǒ jiā yǒu sān kǒu rén, bàba、māma hé wǒ.
　　我家有三口人，爸爸、妈妈和我。

A： Nǐ méiyǒu gēge、 jiějie、 dìdi、 mèimei ma?
　　你没有哥哥、姐姐、弟弟、妹妹吗？

B： Méiyǒu. Xiànzài, hěn duō Zhōngguó jiātíng dōu shì sān
　　没有。现在，很多中国家庭都是三

kǒu rén. Nǐ jiā yǒu jǐ kǒu rén?
口 人。你 家 有 几 口 人？

A：Wǒ jiā yǒu wǔ kǒu rén, bàba、māma、jiějie、gēge
我 家 有 五 口 人，爸爸、妈妈、姐姐、哥哥

hé wǒ.
和 我。

B：Nǐ gēge、jiějie shì xuésheng ma?
你 哥哥、姐姐 是 学生 吗？

A：Duì, tāmen yě dōu shì xuésheng.
对，他们 也 都 是 学生。

(二) 你爸爸妈妈做什么工作？

A：Wáng Míng, nǐ bàba māma zuò shénme gōngzuò?
王 明，你 爸爸 妈妈 做 什么 工作？

B：Wǒ bàba māma dōu shì yīshēng.
我 爸爸 妈妈 都 是 医生。

A：Tāmen gōngzuò máng ma?
他们 工作 忙 吗？

B：Tāmen gōngzuò dōu bǐjiào máng. Nǐ bàba māma zuò
他们 工作 都 比较 忙。你 爸爸 妈妈 做

shénme?
什么？

A：Wǒ bàba shì jiàoshī, māma bù gōngzuò.
我 爸爸 是 教师，妈妈 不 工作。

B：Nǐ gēge、jiějie gōngzuò ma?
你 哥哥、姐姐 工作 吗？

A：Tāmen yě dōu shì xuésheng, xiànzài bù gōngzuò.
他们 也 都 是 学生， 现在 不 工作。

二 注释 Notes

(一) 你家有几口人？ How many people are there in your family?

"口"作为量词修饰指人名词时只能修饰家庭成员。因此不能说：

口 is a measure word which can only modify the nouns of family members. The following sentences are not right.

(1) *你们班有几口人？

(2) *你们学校有多少口学生？

(二) 你没有哥哥、姐姐、弟弟、妹妹吗？
Don't you have brothers or sisters?

"没有……吗"带有惊讶语气。如："你没有汉语书吗？"表示说话人认为"你"应该有汉语书。

The structure 没有……吗 expresses astonishment. The sentence "你没有汉语书吗？" implies that the speaker thinks that 你 ought to have a Chinese book.

三 语音语调 Pronunciation and intonation

(一) 三个三声的读法 Reading of three 3rd tone syllables

两个三声音节连读时，前一个要读成第二声。如果三个三声连在一起，那么关系紧密的两个三声先变调，然后再跟第三个三声进行变调。如：

If two 3rd tone syllables are read one after another, the former one is changed into the 2nd tone. If three 3rd tone are read together, the two most-related words are read with modulation of tones, then, combined with the rest 3rd-tone syllable, they are read with modulation of tones. For example:

1. 展览馆

"展"和"览"两个字的关系紧密，先进行变调，读成 zhánlǎn，然后"览"跟"馆"进行变调，读成 lánguǎn，所以应该读成"zhánlánguǎn"。这种变调形式多一些。

展 and 览 relate closely. First, they must be tone-modulated as zhánlǎn, then 览 and 馆 should be modulated as lánguǎn, therefore, the phrase is read as zhánlánguǎn. Many tone modulations belong to this type.

2. 小雨伞

"雨"和"伞"关系紧密，先进行变调，读成 yúsǎn，然后"小"跟"雨"进行变调，由于"雨"已经变成第二声了，所以跟"小"组合后不变调，所以"小雨伞"应该读成"xiǎoyúsǎn"。但按照儿的规律读成"xiáoyúsǎn"也可。有两种读法。这种变调形式不太多。

雨 and 伞 relates closely. First, they can be tone modulated as yúsǎn, then 小 and 雨 should be tone-modulated. Since 雨 is modulated as the 2nd tone, after combining with 小, it keeps its tone. Therefore, 小雨伞 should be read as xiǎoyúsǎn. It can also be read as xiáoyúsǎn. Both are right. Only a few tone modulations belong to this type.

（二）句重音（1） Sentence stress（1）

一个句子，总有一个成分在说话人看来是比较重要的，因而要说得重一些。这个重读的成分就是句重音，不同的句子重音也不相同，自然重音一般在句子的后面。我们用"·"标出重音。

In a sentence, there is always one part that is very important to the speaker, so it must be read with stress. That is the sentence stress of sentence. Different sentences may have different stresses. The nature stress is at the sentence end, which is marked with a dot under it.

1. 简单的主谓句，谓语要重读。如：

In a simple sentence, the predicate ought to be stressed. For example:

（1）我去。
（2）汉语很难。

如果句中有疑问代词，疑问代词要重读。如：

In a sentence with interrogative pronoun, the pronoun will be stressed. For example:

（1）谁去？
（2）你们班有几位老师？

2. 如果句子中有宾语，宾语要重读。如：

If a sentence contains an object, the object ought to be stressed. For example:

（1）波伟学习汉语。

（2）我们回宿舍。

四 练习 Exercises

（一）读出下面的句子

Read out the following sentences

1. Shuí yuànyì qù shuí jiù qù, fǎnzheng wǒ shì bú qù.
   Zhè jiàn yīfu zhēn qíguài, méiyǒu fǎnzhèng.

2. Wǒ shì shízài méiyǒu bànfǎ cái lái zhǎo nǐ de.
   Dàjiā dōu juéde tā zhè ge rén hěn shízai.

3. Tā de tānzi zài nàoshìqū, mǎimai hěn xīnglóng.
   Zài Zhōngguó, mǎimài dúpǐn shì fàn fǎ de.

4. Mǎshàng jiù yào guò nián le, shāngdiàn lǐ rén lái rén wǎng de, zhēn rènao.
   Zhè háizi guònian gāi shàng xué le.

5. Dàren shuō huà, xiǎoháizi bú yào chā zuǐ.
   Tā zài wǒmen zhè yí piàn kě suànshì gè dàrénwù le.

（二）认读汉字并写出拼音

Learn and read the following characters and give *pinyin* to each of them

外（　）　支（　）　图（　）　馆（　）　新（　）
旧（　）　午（　）　公（　）　园（　）　庭（　）
做（　）　医（　）

（三）正确读出下面词语中三个三声的变调

Read the following phrases correctly, pay attention to the modulation of three 3rd tones

我家有五口人　　五百美元　　我很好　　法语老师

（四）读下面的句子并标出重音
Read the following sentences and mark the stresses

1. 她是张老师。
2. 谁是你们的听力老师？
3. 英语不难。
4. 我学习英语。
5. 你们班有多少个学生？
6. 波伟回宿舍了。

（五）用下面的词语各说一句话
Make up one sentence orally with each of the following words

多少　　几　　一起　　教　　新　　旧　　国家

（六）完成对话　**Complete the dialogues**

1. A：＿＿＿＿＿＿＿＿＿＿＿＿？
   B：对，我是留学生。
   A：＿＿＿＿＿＿＿＿＿＿＿＿？
   B：我们班有十八个同学。
   A：＿＿＿＿＿＿＿＿＿＿＿＿？
   B：我们班有十个男同学，八个女同学。
   A：＿＿＿＿＿＿＿＿＿＿＿＿？
   B：我们有三位汉语老师。

2. A：你是哪个学校的学生？
   B：＿＿＿＿＿＿＿＿＿＿＿＿。
   A：你们学校有多少个班？
   B：＿＿＿＿＿＿＿＿＿＿＿＿。
   A：你们学校有几个图书馆？
   B：＿＿＿＿＿＿＿＿＿＿＿＿。

A：你们学校有几个食堂？

B：_____。

（七）情景会话　Situational conversations

1. 介绍你的家庭情况以及你们班级的情况。
   Introduce your family and your school.

2. 介绍爸爸妈妈的工作情况，向同学询问其父母的工作情况。
   Talk about your parents' work. Ask your classmates to introduce their parents' work.

（八）读一读下面的绕口令，比比谁读得准、读得快

Read the following tongue-twister to see who can read quickest and best

Shǐ lǎoshī, jiǎng shíshì, cháng xué shíshì zhǎng zhīshi.
史 老师，讲 时事，常 学 时事 长 知识。

Shíshì xuéxí kàn bàozhǐ, bàozhǐ dēng de shì shíshì.
时事 学习 看 报纸，报纸 登 的 是 时事。

Cháng kàn bàozhǐ yào duō sī, xīn li zhuāngzhe tiānxià shì.
常 看 报纸 要 多 思，心 里 装着 天下 事。

Mr. Shi talks about the current situation,

And one may learn more by studying the situation.

One can study situation by reading newspapers,

And what is published in newspapers is current situation.

Think more in reading newspapers,

So that one can learn what happens in the world.

第八课　请问，办公楼在哪儿？

Lesson 8　Excuse me, where is the office building?

生词 New Words

听力部分　Listening Part

1. 年级	n.	niánjí	grade, year (in school, etc.)	甲
2. 黑	adj.	hēi	black	甲
3. 红	adj.	hóng	red	甲
4. 昨天	n.	zuótiān	yesterday	甲
5. 天气	n.	tiānqì	weather	甲
6. 法文	n.	Fǎwén	French	甲
7. 日文	n.	Rìwén	Japanese	甲
8. 周末	n.	zhōumò	weekend	丙
9. 旁边	n.	pángbiān	side, nearby, beside	甲
10. 本	m.(n.)	běn	used for books of various kinds	甲
11. 办公室	n.	bàngōngshì	office	甲

会话部分　Conversation Part

1. 前边	n.	qiánbian	in front, at the head	甲
2. 找	v.	zhǎo	look for, try to find, seek; give change	甲
3. 这儿	pron.	zhèr	here	甲
4. 天	n., m.(n.)	tiān	sky, heavens; day	甲

专名 Proper Nouns

1. 德国　　　　Déguó　　　　　Germany
2. 澳大利亚　　Àodàlìyà　　　　Australia
3. 加拿大　　　Jiānádà　　　　Canada

本课新字 New Characters

级　黑　红　昨　周　末　旁　办　前
找

听力 Listening

一 听力理解 Listening comprehension

(一) 听下面的句子并选择正确答案

Listen to the following sentences and then choose the right answers

1. A. 一年级四班　　B. 二年级三班　　C. 三年级一班
2. A. 黑色的笔　　　B. 红色的笔　　　C. 白色的笔
3. A. 王老师　　　　B. 张老师　　　　C. 田老师
4. A. 德国学生　　　B. 美国学生　　　C. 澳大利亚学生
5. A. 很好　　　　　B. 比较好　　　　C. 不太好
6. A. 英文书　　　　B. 日文书　　　　C. 中文书
7. A. 教室　　　　　B. 宿舍　　　　　C. 图书馆
8. A. 星期一　　　　B. 星期四　　　　C. 星期六
9. A. 图书馆　　　　B. 留学生宿舍　　C. 黄色的大楼
10. A. 我学习汉语　　B. 王明也学习汉语　C. 波伟不是中国人

第八课　请问，办公楼在哪儿？

（二）听下面的对话并选择正确答案
Listen to the following conversations and then choose the right answers

1. A. 留学生宿舍楼　　B. 中国学生宿舍楼　　C. 老师的宿舍楼
2. A. 7 本　　B. 10 本　　C. 22 本
3. A. 女的和安达　　B. 男的和安达　　C. 男的和女的
4. A. 中国　　B. 美国　　C. 加拿大
5. A. 102 教室旁边　　B. 201 教室旁边　　C. 210 教室旁边
6. A. 公园　　B. 宿舍　　C. 图书馆
7. A. 这是张老师的办公室
　　B. 女的是张老师
　　C. 张老师不在办公室
8. A. 都去　　B. 女的去　　C. 男的去
9. A. 英汉词典　　B. 汉英词典　　C. 汉语词典
10. A. 学校　　B. 图书馆　　C. 王明的宿舍

二　语音语调　Pronunciation and intonation

（一）听后填出声母　Write out the initials after listening

___ǎ___ing	___iàn___ǎo	___ǎn___iàng	___iú___ǎi
___óng___ián	___iáo___ǐ	___üè___ài	___ǐ___áng
___ǐ___iàn	___ài___óu	___īng___íng	___óng___ián
___ěng___àng	___ǎo___óng	___ǎo___ùn	___à___iáng
___ǎn___uò	___áo___àn	___ǎo___uàn	___ǐ___ìng
___éng___ì	___uó___òng	___ián___íng	___ǎn___àng

（二）听后填出韵母　Write out the finals after listening

x___yǒng　　p___zhì　　xiàngm___　　j___nèn
l___yìn　　hùnx___　　t___kǎn　　b___diǎn
x___m___　　t___g___　　x___y___　　m___t___

57

g___ch___   l___q___   h___m___   t___l___

j___d___   q___b___   j___z___   s___r___

(三) 听后填出声调 Write out the tones after listening

biaozhang	wangnian	jiangshou	wanqiu	dangzhang
keguan	qiangduo	shannian	putong	zhengqi
lingchang	yanyuan	jiazhuang	zucheng	ouxiang
lanhan	zongjie	chansheng	weiyuan	ruanhua
yeman	yumao	pinxing	jiandan	zhongliu

会话 Conversations

一 课文 Text

(一) 请问,留学生办公室在哪儿?

A: Qǐngwèn, Liúxuéshēng bàngōngshì zài nǎr?
请问, 留学生 办公室 在哪儿?

B: Zài qiánbian, túshūguǎn pángbiān de nà ge lóu.
在 前边, 图书馆 旁边 的 那个 楼。

A: Shì nà ge báisè de dàlóu ma?
是 那个 白色 的 大楼 吗?

B: Duì, shì nà ge báisè de lóu.
对, 是 那个 白色 的 楼。

A: Liúxuéshēng bàngōngshì zài jǐ lóu?
留学生 办公室 在 几 楼?

Zài yī lóu.
B：在 一 楼。

Xièxie nǐ.
A：谢谢 你。

Búyòng xiè.
B：不用 谢。

(二) 你找哪位？

Qǐngwèn, zhè shì Zhāng lǎoshī de bàngōngshì ma?
A：请问， 这是 张 老师的 办公室 吗？

Wǒmen zhèr yǒu sān wèi Zhāng lǎoshī, nǐ zhǎo nǎ wèi?
B：我们 这儿 有 三 位 张 老师，你 找 哪 位？

Wǒ zhǎo yī niánjí wǔ bān de Zhāng lǎoshī.
A：我 找 一年级 五 班 的 张 老师。

Tā jīntiān méiyǒu kè, bú zài.
B：他 今天 没有 课，不 在。

Zhāng lǎoshī nǎ tiān yǒu kè?
A：张 老师 哪 天 有 课？

Tā míngtiān shàngwǔ yǒu kè, xiàwǔ zài bàngōngshì, nǐ
B：他 明天 上午 有 课，下午 在 办公室， 你

míngtiān xiàwǔ lái ba.
明天 下午 来 吧。

Xièxie nín.
A：谢谢 您。

Bú kèqi.
B：不 客气。

二 语音语调 Pronunciation and intonation

（一）句重音（2） Sentence stress (2)

有定语的句子，一般定语要重读，而结构助词"的"总是要轻读。如：

The attributive in a sentence must be stressed, while in the structure auxiliary word 的 is always read lightly.

（1）这是一年级三班的教室。

（2）他有汉语词典。

（二）语调（2） Intonation (2)

1. 特指疑问句，句调较高，疑问代词重读，句尾读降调。如：

In a special question, the sentence intonation is higher, the interrogative word is stressed, and the end is read with a falling intonation. For example：

A：你买什么？↓

B：我买本子。↓

2. 句尾用"吧"的祈使句读降调。

An imperative sentence ended with 吧 is read with the falling intonation.

我们一起去吧。↓

三 练习 Exercises

（一）读出下面词语或拼音中"一"的声调

Read out the tone of "一" in the following words and *pinyin*

一	二十一	一起	一天	一个月
一个国家	一年级一班	一楼	一本书	一支笔
yigòng	yigài	yilù	yipáng	yishēng
yirú	yizǎo	yishí	yitóu	yixiàng
yizhǔn	yizhèn	yiduān	yifèn	yihuìr

（二）认读汉字并写出拼音

Learn and read the following words and give *pinyin* to each of them

级（　　）　黑（　　）　红（　　）　昨（　　）　周（　　）

末（　　）　旁（　　）　办（　　）　前（　　）　里（　　）

找（　　）

（三）读下面的句子并标出重音

Read the following sentences and mark the stresses

1. 你们班有多少个学生？

2. 我们班有韩国学生、英国学生和澳大利亚学生。

3. 她是一年级六班的老师。

4. 我介绍一下，这位是我爸爸。

5. 你是钟山大学的留学生吗？

（四）读下面的句子并标出语调的升降

Read the following sentences and mark the intonation

1. 请问，留学生食堂在哪儿？

2. 这是张老师的办公室吗？

3. 我们一起去吧。

4. 谁是你们的汉语老师？

5. 今天星期几？

6. 我们走吧。

（五）用下面的词语各说一句话

Make up one sentence orally with each of the following words or phrases

请问　　在　　吧　　看　　远　　昨天　　旁边　　前边

（六）完成对话　Complete the dialogues

1. A：_____？
   B：图书馆在那个楼的旁边。我也去图书馆，一起去吧。
   A：_____？
   B：对，我也是这个学校的留学生。
   A：我叫丁荣，是英国人。_____？
   B：我叫波伟，泰国人。_____。
   A：我也很高兴认识你。
   B：你看，前边那个黄色的大楼_____。

2. A：_____？
   B：留学生办公室在203教室的旁边。
   A：_____。
   B：不用谢。

   A：_____？
   B：这不是留学生办公室，留学生办公室在206。
   A：_____。
   B：不客气。

   A：请问，这是留学生办公室吗？
   B：_____。
   A：王老师在吗？
   B：_____。

（七）情景会话　Situational conversations

1. 向老师询问留学生办公室在哪儿。
   Ask the teacher where the foreign students' office is.

2. 路上遇到一位留学生向你询问留学生宿舍，请你告诉他。
   When you are walking on the road, a foreign student asks you where the foreign students' dormitory is. Please tell him.

(八) 读一读下面的绕口令，比比谁读得准、读得快

Read the following tongue-twister to see who can read quickest and best

Fěnhóng qiáng shang huà fènghuáng,
粉红 墙 上 画 凤凰，

Xiān huà yí ge hóng fènghuáng,
先 画 一 个 红 凤凰，

Zài huà yí ge huáng fènghuáng.
再 画 一 个 黄 凤凰。

Huáng fènghuáng shàngmian huàshang hóng fènghuáng,
黄 凤凰 上面 画上 红 凤凰，

Hóng fènghuáng shàngmian huàshang huáng fènghuáng.
红 凤凰 上面 画上 黄 凤凰。

Hóng fènghuáng chéngle hónghuáng fènghuáng,
红 凤凰 成了 红黄 凤凰，

Huáng fènghuáng chéngle huánghóng fènghuáng.
黄 凤凰 成了 黄红 凤凰。

Fěnhóng qiáng shang fēn bu qīng,
粉红 墙 上 分不清，

Nǎ ge shì hóng fènghuáng, nǎ ge shì huáng fènghuáng.
哪 个 是 红 凤凰， 哪 个 是 黄 凤凰。

Drawing a phenix on a pink wall,

A red phenix is drawn first, and then a yellow one.

Red colour is added to the yellow phenix,

Yellow colour is added to the red phenix,

The red phenix becomes red-yellow one and the yellow phenix becomes yellow-red one.

It is hard to distinguish on the pink wall,

Which is the red phenix and which is yellow.

第九课　你们学校有多少个学生？

Lesson 9　How many students are there in your school?

生词 New Words

听力部分　Listening Part

1.	休息	v.	xiūxi	have a rest	甲
2.	地图	n.	dìtú	map	乙
3.	伞	n.	sǎn	umbrella	乙
4.	少	adj.	shǎo	few, little	甲
5.	公司	n.	gōngsī	company, corporation, firm	乙
6.	职员	n.	zhíyuán	office worker, staff member	丙
7.	喝	v.	hē	drink	甲
8.	茶	n.	chá	tea	甲
9.	厕所	n.	cèsuǒ	lavatory, toilet	甲
10.	住	v.	zhù	live	甲

会话部分　Conversation Part

1.	医院	n.	yīyuàn	hospital	甲
2.	护士	n.	hùshi	nurse	乙
3.	经理	n.	jīnglǐ	manager	乙

第九课 你们学校有多少个学生？

▶ 专名 Proper Nouns

| 人民医院 | Rénmín Yīyuàn | People's Hospital |

本课新字 New Characters

休 息 地 伞 司 职 员 喝 茶
厕 所 住 院 护 士 经 理

听力 Listening

一 听力理解 Listening comprehension

（一）听下面的句子并选择正确答案

Listen to the following sentences and then choose the right answers

1. A. 宿舍　　　　　B. 阅览室　　　　　C. 教室
2. A. 在宿舍休息　　B. 在宿舍看电影　　C. 和朋友去公园玩儿
3. A. 留学生宿舍　　B. 留学生食堂　　　C. 教师宿舍
4. A. 张老师　　　　B. 李老师　　　　　C. 张老师和李老师
5. A. 地图　　　　　B. 伞　　　　　　　C. 报纸
6. A. 七张桌子，七把椅子
   B. 二十一张桌子，二十一把椅子
   C. 七张桌子，二十一把椅子
7. A. 两节　　　　　B. 三节　　　　　　C. 五节
8. A. 四张　　　　　B. 六张　　　　　　C. 十六张
9. A. 丁荣的学校　　B. 王明的学校　　　C. 安达的学校

65

10. A. 我们公司有一百个职员

　　B. 我们公司没有外国职员

　　C. 我们公司不都是中国职员

（二）听下面的对话并选择正确答案

Listen to the following conversations and then choose the right answers

1. A. 教室　　　　　B. 宿舍　　　　　C. 图书馆
2. A. 女的不喜欢喝茶　B. 男的没有可乐　C. 现在是晚上
3. A. 有　　　　　　B. 没有　　　　　C. 有很多
4. A. 一个　　　　　B. 两个　　　　　C. 三个
5. A. 一位　　　　　B. 两位　　　　　C. 三位
6. A. 这个楼有三个厕所

　　B. 二楼和三楼的厕所比较干净

　　C. 二楼和三楼没有厕所

7. A. 女的回宿舍　　B. 女的在学校住　C. 女的喜欢安静
8. A. 玩儿　　　　　B. 休息　　　　　C. 学习
9. A. 昨天　　　　　B. 今天　　　　　C. 明天
10. A. 男的的老师　　B. 女的的老师　　C. 女的姐姐的老师

二 语音语调 Pronunciation and intonation

（一）听后填出声母　**Write out the initials after listening**

èng	áng	āo	ēng	èn	óng	én	ong
én	è	ǐ	ǔ	ǐ	ōng	uǐ	ǎn
āng	én	èn	èng	ì	éng	án	āo
uān	ē	áng	ì	ī	ǔ	éng	òu
ēng	ōu	ū	ì	ēng	āng	ān	ā
éng	án	á	ōng	ēn	ǎn	ǒng	áng

第九课　你们学校有多少个学生？

（二）听后填出韵母　Write out the finals after listening

l___y___　　ch___c___　　n___r___　　zh___b___

h___y___　　ch___l___　　y___l___　　w___w___

w___z___　　q___q___　　w___y___　　sh___p___

（三）听后填出声调　Write out the tones after listening

shizhong	yaofang	zhuihui	gaikuang	couqiao
tuibing	zhongdu	zuogeng	fangshou	gongxing
chandou	zangzu	xianbing	baifang	diannao
fenhen	buzhang	yuanyan	weisuo	jimo

会话　Conversations

一　课文　Text

（一）你们学校有多少个学生？

A：Nǐ shì nǎ ge xuéxiào de xuésheng?
你是哪个学校的学生？

B：Wǒ shì Zhōngshān Dàxué de liúxuéshēng.
我是钟山大学的留学生。

A：Nǐmen xuéxiào yǒu duōshao ge xuésheng?
你们学校有多少个学生？

B：Wǒmen xuéxiào yǒu yíwàn bāqiān duō ge Zhōngguó xuésheng, liùbǎi wǔshí duō ge liúxuéshēng. Nǐ yě shì
我们学校有一万八千多个中国学生，六百五十多个留学生。你也是

67

　　　　　liúxuéshēng ma?
　　　　　留学生 吗？

A：Bù, wǒ shì Zhōngguó xuésheng, wǒ zài Liǎngjiāng Dàxué
　　不，我是 中国 学生，我在 两江 大学

　　　　xuéxí.
　　　　学习。

B：Nǐmen xuéxiào yǒu duōshao ge lǎoshī?
　　你们 学校 有 多少 个老师？

A：Wǒmen xuéxiào yǒu yìqiān jiǔbǎi duō ge lǎoshī.
　　我们 学校 有一千九百 多个 老师。

B：Dōu shì Zhōngguó lǎoshī ma?
　　都 是 中国 老师 吗？

A：Yǒu Zhōngguó lǎoshī, yě yǒu wàiguó lǎoshī.
　　有 中国 老师，也有 外国 老师。

B：Wàiguó lǎoshī jiāo shénme?
　　外国 老师 教 什么？

A：Tāmen jiāo wàiyǔ.
　　他们 教 外语。

（二）他们的医院有多少医生？

A：Nǐ bàba māma zài nǎr gōngzuò?
　　你爸爸 妈妈 在 哪儿 工作？

B：Tāmen dōu zài Rénmín Yīyuàn gōngzuò, bàba shì yīshēng,
　　他们 都在 人民 医院 工作，爸爸是 医生，

　　māma shì hùshi.
　　妈妈 是 护士。

A：Tāmen yīyuàn yǒu duōshao yīshēng, duōshao hùshi?
他们 医院 有 多少 医生， 多少 护士？

B：Yǒu bābǎi duō ge yīshēng, yìqiān yībǎi duō ge hùshi.
有 八百 多 个 医生， 一千 一百 多 个 护士。

Nǐ bàba māma zuò shénme gōngzuò?
你 爸爸 妈妈 做 什么 工作？

A：Wǒ bàba shì yì jiā gōngsī de jīnglǐ.
我 爸爸 是 一 家 公司 的 经理。

B：Nǐ bàba de gōngsī dà bu dà?
你 爸爸 的 公司 大 不 大？

A：Bú tài dà, shì ge xiǎo gōngsī.
不 太 大，是 个 小 公司。

B：Yǒu duōshao zhíyuán?
有 多少 职员？

A：Yǒu sìshí duō ge zhíyuán.
有 四十 多 个 职员。

B：Nǐ māma yě zài gōngsī gōngzuò ma?
你 妈妈 也 在 公司 工作 吗？

A：Bù, wǒ māma bù gōngzuò, tā zài jiā.
不，我 妈妈 不 工作， 她 在 家。

二 语音语调 Pronunciation and intonation

（一）词重音（2） Sentence stress（2）

数量短语中数词要重读，量词轻读。如：

In a numeral-quantifier phrase the numeral is stressed, and the quantifier is unstressed. For example:

两张报纸　　三位老师　　五本书　　八把椅子

（二）语调（3） Intonation（3）

正反问句，句调较高，肯定部分重读，否定部分轻读，句尾读降调。如：

The pitch in an positive-negative question is relatively high. The positive part is stressed; the negative part is unstressed. The falling intonation is used at the end of the sentence. For example：

(1) 这是不是你的笔？↓
(2) 你回不回宿舍？↓

三 练习 Exercises

（一）读出下列词语或拼音中"不"的声调

Read out the tone of "不" in the following words and *pinyin*

不便宜　不吃　不大　不知道　不多　不高兴　不贵
不回答　不好　不来　不客气　不买　不喜欢　不忙

bu'ān　bubì　bucéng　buděng　budìng　budàn　bujū
bubēi bukàng　　bugān bugà　　bupiān buyǐ　　buzhé bukòu
bushēng buxiǎng　buléng burè　buwén buwèn　buyī buráo

（二）认读汉字并写出拼音

Learn and read the following characters and give *pinyin* to each of them

休（　）息（　）地（　）伞（　）厕（　）
所（　）司（　）职（　）员（　）院（　）
喝（　）茶（　）水（　）住（　）护（　）
士（　）经（　）理（　）

（三）读下面的句子并标出重音

Read the following sentences and mark the stresses

1. 你喝不喝茶？
2. 我们学校有一千多个老师。
3. 没课的时候我在宿舍看书。

4. 我在钟山大学学习。

5. 我爸爸是一家公司的经理。

6. 你妈妈也在公司工作吗?

(四) 读下面的句子并标出语调

Read the following sentences and mark the intonation

1. 你有没有汉语词典?

2. 你一个星期有多少节课?

3. 你妈妈也在公司工作吗?

4. 你爸爸的公司大不大?

5. 你是哪个学校的学生?

6. 他们医院有多少医生,多少护士?

(五) 用下面的词语各说一句话

Make up one sentence orally with each of the following words

多　　在　　时候　　喝　　住　　公司

(六) 完成对话　**Complete the dialogues**

1. A：你在哪儿学习?

　 B：_____。

　 A：你们学校有多少学生?

　 B：_____。

　 A：你在哪个班?

　 B：_____。

　 A：你们班有多少学生?

　 B：_____。

2. A：没有课的时候你做什么?

　 B：_____。

A：阅览室有什么书？

B：_____。

A：有杂志吗？

B：_____。

A：有多少种书？多少种杂志？

B：_____。

（七）情景会话 Situational conversations

1. 介绍你们学校和班级的人数。

   Talk about your school and the number of students in your class.

2. 跟你的同学或者朋友聊一聊没课的时候做什么。

   Have a talk with your classmates or friends about what you do in your spare time.

（八）读一读下面的绕口令，比比谁读得准、读得快

Read the following tongue-twister to see who can read quickest and best

Zhè shì cán, nà shì chán.
这 是 蚕，那 是 蝉。

Cán'ér chángcháng yè li cáng,
蚕儿　 常常　 叶 里 藏，

Chán'ér chángcháng lín zhōng chàng.
蝉儿　 常常　 林 中 唱。

This is a silkworm, and that is a cicada,
A silkworm often hides in the leaves,
A cicada often sings in the trees.

第十课 复习(二)

Lesson 10　Review II

生词 New Words

听力部分　Listening Part

1.	苹果	n.	píngguǒ	apple	甲
2.	绿	adj.	lǜ	green	甲
3.	饭	n.	fàn	meal; cooked rice	甲
4.	吃	v.	chī	eat	甲
5.	上	n.	shàng	on	甲
6.	书店	n.	shūdiàn	bookstore, bookshop	乙
7.	贵	adj	guì	expensive, costly, dear	甲
8.	便宜	adj.	piányi	inexpensive, cheap	甲
9.	对不起			duìbuqǐ	sorry, excuse me	甲
10.	买	v.	mǎi	buy, purchase	甲
11.	面包	n.	miànbāo	bread	甲
12.	东西	n.	dōngxi	matter; thing	甲

会话部分　Conversation Part

1.	漂亮	adj.	piàoliang	beautiful, pretty	甲
2.	房间	n.	fángjiān	room	甲
3.	同屋	n.	tóngwū	roommate	乙

本课新字 New Characters

| 苹 | 果 | 绿 | 饭 | 吃 | 贵 | 便 | 宜 | 买 |
| 面 | 东 | 西 | 漂 | 亮 | 屋 | 房 |

听力 Listening

一 听力理解 Listening comprehension

（一）听下面的句子并选择正确答案

Listen to the following sentences and then choose the right answers

1. A. 爸爸　　　　　B. 妈妈　　　　　C. 哥哥
2. A. 一种　　　　　B. 两种　　　　　C. 三种
3. A. 星期一上午　　B. 星期二下午　　C. 星期五下午
4. A. 今天是星期四　B. 今天学校有电影　C. 我不喜欢学习
5. A. 宿舍　　　　　B. 中国学生食堂　C. 留学生食堂
6. A. 中国　　　　　B. 韩国　　　　　C. 美国
7. A. 三口　　　　　B. 四口　　　　　C. 五口
8. A. 图书馆　　　　B. 教室　　　　　C. 商店
9. A. 那个书店很好　B. 他喜欢那个书店　C. 那个书店的书很便宜
10. A. 图书馆　　　　B. 教室　　　　　C. 食堂

（二）听下面的对话并选择正确答案

Listen to the following conversations and then choose the right answers

1. A. 男的　　　　　B. 女的　　　　　C. 丁荣
2. A. 商店　　　　　B. 食堂　　　　　C. 教室
3. A. 她也是中国人　B. 她也叫王明　　C. 她也很高兴

74

4. A. 星期一上午　　　B. 星期二下午　　　C. 星期五下午
5. A. 八百多　　　　 B. 一万三千多　　　C. 一万六千多
6. A. 英国　　　　　 B. 法国　　　　　　C. 加拿大
7. A. 买书　　　　　 B. 学习　　　　　　C. 买东西
8. A. 医生　　　　　 B. 老师　　　　　　C. 售货员
9. A. 教法语　　　　 B. 学习汉语　　　　C. 学习法语
10. A. 没有　　　　　B. 一个　　　　　　C. 两个

（三）听下面的短文并判断正误

Judge the statements true or false after listening to the passage

1. （1）安达有两位中国朋友。　　　　　　　　　　（　）
　　（2）波伟是安达的同学，也是安达的朋友。　　（　）
　　（3）王明是钟山大学的学生。　　　　　　　　（　）
　　（4）星期天王明去安达的宿舍。　　　　　　　（　）
　　（5）安达教王明英语，王明教安达汉语。　　　（　）

2. （1）丁荣是英国人。　　　　　　　　　　　　（　）
　　（2）丁荣星期一上午有四节课。　　　　　　　（　）
　　（3）星期二、四、五下午，丁荣都没有课。　　（　）
　　（4）丁荣常常在留学生阅览室看书。　　　　　（　）
　　（5）周末的时候，丁荣学习也很努力。　　　　（　）

二 语音语调 Pronunciation and intonation

（一）听后填出声母　**Write out the initials after listening**

　　___éi　___àng　　　___āo　___ēng　　　___éi　___àn　　　___ǎn　___àng
　　___uān　___ài　　 ___ào　___íng　　　___àn　___áng　　 ___uí　___óng
　　___iáo　___ǐ　　　___iàn　___iàn　　 ___ào　___eng　　 ___ōng　___án
　　___īng　___íng　　___áng　___ì　　　 ___óu　___ùn　　　___ǒng　___uàn

75

___ì___ūn   ___ài___ǐng   ___ì___ù   ___ù___ào
___èn___èng   ___òu___è   ___éng___ì   ___ēng___í

（二）听后填出韵母　Write out the finals after listening

n___n___　　d___l___　　p___p___　　m___m___
n___t___　　l___n___　　q___q___　　j___x___
q___x___　　x___q___　　x___q___　　g___h___
g___g___　　k___g___　　j___j___　　zh___s___
zh___z___　　c___j___　　g___x___　　zh___ch___

（三）听后填出声调　Write out the tones after listening

xinming yanliang　　nongqiao chengzhuo　　liaoshi rushen
yourou guaduan　　　shunli chengzhang　　　zhuangzhi lingyun
zhenzhi zhuojian　　 chunyi angran　　　　　xuhuai ruogu
wenwen erya　　　　 wangyang bulao　　　　lailong qumai
cunbu nanxing　　　　zhigao qiyang　　　　　qiguan changhong
yanhua liaoluan　　　youtiao buwen　　　　　zhangshang mingzhu
yizheng ciyan　　　　 shizai renwei　　　　　liangru weichu

会话　Conversations

一 课文　Text

（一）这是我们的学校

Zhè shì wǒmen de xuéxiào.
A：这 是 我 们 的 学 校。

Nǐmen de xuéxiào hěn dà.
B：你 们 的 学 校 很 大。

A：Duì, wǒmen de xuéxiào bǐjiào dà. Zhè shì túshūguǎn.
对，我们 的 学校 比较 大。这 是 图书馆。

B：Nǐmen de jiàoshì zài nǎr?
你们 的 教室 在 哪儿？

A：Wǒmen de jiàoshì zài zhè ge dàlóu de sān lóu.
我们 的教室在 这个大楼 的 三 楼。

B：Liúxuéshēng sùshè zài nǎr?
留学生 宿舍 在 哪儿？

A：Liúxuéshēng sùshè zài qiánbian, nà ge huángsè de dàlóu.
留学生 宿舍在 前边，那个 黄色 的 大楼。

B：Nǐmen de sùshèlóu hěn xīn, yě hěn piàoliang.
你们 的 宿舍楼 很 新，也 很 漂亮。

A：Wǒ yě juéde wǒmen de sùshèlóu hěn piàoliang.
我 也 觉得 我们 的 宿舍楼 很 漂亮。

B：Shítáng yuǎn bu yuǎn?
食堂 远 不 远？

A：Bù yuǎn, zài sùshèlóu de hòubian.
不 远，在 宿舍楼 的 后边。

（二）这是我同屋

A：Wáng Míng, zhè shì wǒ de fángjiān, zhè shì wǒ tóngwū
王 明，这 是 我 的 房间，这 是 我 同屋

Bōwěi.
波伟。

B：Nǐ hǎo, Bōwěi, wǒ shì Wáng Míng.
你 好，波伟，我 是 王 明。

77

C: Nǐ hǎo, Wáng Míng, rènshi nǐ hěn gāoxìng.
你好，王明，认识你很高兴。

B: Wǒ yě shì. Bōwěi, nǐ shì nǎ guó rén?
我也是。波伟，你是哪国人？

C: Wǒ shì Tàiguórén.
我是泰国人。

B: Nǐ xuéxí shénme?
你学习什么？

C: Wǒ xuéxí Hànyǔ, nǐ xuéxí shénme?
我学习汉语，你学习什么？

B: Wǒ xuéxí Yīngyǔ.
我学习英语。

C: Wǒ juéde Yīngyǔ róngyì, Hànyǔ nán.
我觉得英语容易，汉语难。

B: Wǒ juéde Hànyǔ róngyì, Yīngyǔ nán.
我觉得汉语容易，英语难。

二 练习 Exercises

（一）读下面的句子 Read the following sentences

1. { Dùzi bǎo le.
   { Tùzi pǎo le.

2. { Mǎi yì bāo yān.
   { Mài yì bāo yān.

3. { Jiějie hěn xiàng māma.
   { Jiějie hěn xiǎng māma.

4. { Wǒ yào qù mǎi bèizi.
   { Wǒ yào qù mǎi bēizi.

5. { Tā xuéxí Hànyǔ.
   { Tā xuéxí Hányǔ.

（二）认读汉字并写出拼音
Learn and read the following characters and give *pinyin* to each of them

苹（　　）　果（　　）　绿（　　）　贵（　　）　便（　　）

宜（　　）　买（　　）　面（　　）　吃（　　）　东（　　）

西（　　）　房（　　）　漂（　　）　亮（　　）　觉（　　）

得（　　）　屋（　　）

（三）读下面的句子，并标出重音和语调的升降
Read the following sentences and mark their stresses and intonation

1. 星期天我去书店，你去哪儿？
2. 弟弟和爸爸妈妈在一起。
3. 你去不去留学生阅览室？
4. 王老师教我们语法。
5. 我爸爸也是医生，妈妈是商店的售货员。
6. 星期天你去哪儿？
7. 你姐姐也在中国吗？
8. 下午我去图书馆，一起去吧！

（四）找出 A、B 中相关的上下句并用线连起来
Match the sentences in column A with the concerned ones in column B

A	B
你是哪国人？	你早！
你叫什么名字？	三块五一斤。
你是留学生吗？	不客气。
请问留学生食堂在哪儿？	我是中国人。
早上好！	我叫波伟。
谢谢你！	对，我是两江大学的留学生。
苹果一斤多少钱？	就在前面。

（五）用下面的词语各说一句话
Make up a sentence orally with each of the following words or phrases

全　有意思　努力　常常　便宜　对不起　觉得　漂亮

（六）完成对话　Complete the dialogues

1. A: _____?
   B: 我爸爸是医生，在医院工作。
   A: _____?
   B: 他们医院很大。
   A: _____?
   B: 有一千多个医生。
   A: 我爸爸是老师，妈妈是售货员。
   B: _____?
   A: 他们工作都很忙。

2. A: _____?
   B: 我们班有十五个学生。
   A: _____?
   B: 不都是英国人，也有美国人、法国人和泰国人。
   A: _____?
   B: 我们有三位老师。
   A: _____?
   B: 他们教语法、听力和口语。

（七）情景会话　Situational conversations

1. 介绍两位朋友认识。
   Introduce two friends to each other.

2. 询问你们班两位同学的家庭情况。
   Ask two of your classmates about their families.

3. 向别的班的同学询问班级情况。

   Ask the students of other classes about their classes.

4. 你不知道图书馆在哪儿，向一位中国同学问路。

   You don't know where the library is. Please ask a Chinese student the way to the library.

（八）读一读下面的绕口令，比比谁读得准、读得快

Read the following tongue-twister to see who can read quickest and best

Bǎndèng kuān, biǎndan cháng, bǎndèng biǎndan bǐ kuān cháng.
板凳　宽，扁担　长，板凳　扁担　比　宽　长。

Biǎndan méiyǒu bǎndèng kuān, bǎndèng méiyǒu biǎndan cháng.
扁担　没有　板凳　宽，板凳　没有　扁担　长。

Biǎndan yào bǎng zài bǎndèng shang,
扁担　要　绑　在　板凳　上，

Bǎndèng bú ràng biǎndān bǎng zài bǎndèng shàng,
板凳　不　让　扁担　绑　在　板凳　上，

Biǎndān piān yào bǎng zài bǎndèng shàng.
扁担　偏　要　绑　在　板凳　上。

Wide stool and long shoulder pole,

They compare to see which is wider and which is longer,

The shoulder pole is not as wide as the stool,

The stool is not as long as the shoulder pole.

The shoulder pole wants to bind itself to the stool,

The stool doesn't allow the shoulder pole to do so,

The shoulder pole insists on binding itself to the stool.

第十一课 你要这种还是要那种?

Lesson 11 Would you like this one or that one?

生词 New Words

听力部分 Listening Part

1. 件	m.(n.)	jiàn	measure word used for individual matters or things	甲
2. 衣服	n.	yīfu	clothing, clothes	甲
3. 可能	aux., n.	kěnéng	possible, likely	甲
4. 牛奶	n.	niúnǎi	milk (usu. cow's milk)	甲
5. 瓶	n., m.(n.)	píng	bottle, vase, jar	甲
6. 师傅	n.	shīfu	address for master workers	甲
7. 可乐	n.	kělè	cola, kola	甲
8. 香蕉	n.	xiāngjiāo	banana	甲
9. 双	m.(n.)	shuāng	pair (two)	甲
10. 鞋	n.	xié	shoe	甲

会话部分 Conversation Part

1. 热	adj., v.	rè	hot; warmhearted	甲
2. 渴	adj.	kě	thirsty	甲
3. 饮料	n.	yǐnliào	beverage, drink	丙
4. 水	n.	shuǐ	water	甲

第十一课　你要这种还是要那种？

▶ **专名　Proper Nouns**

1. 可口可乐	Kěkǒu kělè	Coca cola
2. 百事可乐	Bǎishì kělè	Pepsi cola

本课新字　New Characters

件　衣　服　可　能　牛　奶　瓶　傅
乐　香　蕉　双　鞋　热　渴　饮　料
水

听力　Listening

一　听力理解 Listening comprehension

（一）听下面的句子并选择正确答案

Listen to the following sentences and then choose the right answers

1. A. 三块三　　　　　B. 五块五　　　　　C. 十块三
2. A. 买　　　　　　　B. 不买　　　　　　C. 可能买
3. A. 十个本子，四支笔　B. 四个本子，十支笔　C. 十个本子，十支笔
4. A. 一块五　　　　　B. 三块五　　　　　C. 八块五
5. A. 英文报纸　　　　B. 中文杂志　　　　C. 英文杂志
6. A. 买可乐　　　　　B. 找师傅　　　　　C. 喝可乐
7. A. 红的　　　　　　B. 黄的　　　　　　C. 黑的
8. A. 二十一块　　　　B. 二十九块　　　　C. 五十块
9. A. 衣服　　　　　　B. 书　　　　　　　C. 水果
10. A. 苹果　　　　　　B. 橘子　　　　　　C. 香蕉

83

（二）听下面的对话并选择正确答案

Listen to the following conversations and then choose the right answers

1. A. 面包　　　　　B. 牛奶　　　　　C. 水果
2. A.《汉英词典》　　B.《英汉词典》　　C.《汉语词典》
3. A. 108 块　　　　B. 180 块　　　　C. 200 块
4. A. 商店　　　　　B. 教室　　　　　C. 食堂
5. A. 西瓜　　　　　B. 苹果　　　　　C. 香蕉
6. A. 85 块　　　　 B. 89 块　　　　 C. 91 块
7. A. 本子　　　　　B. 笔　　　　　　C. 本子和笔
8. A. 西瓜　　　　　B. 橘子　　　　　C. 香蕉
9. A. 红色　　　　　B. 黑色　　　　　C. 黄色
10. A. 公园　　　　 B. 教室　　　　　C. 图书馆

（三）听下面的对话并判断正误

Judge the statements true or false after listening to the following dialogue

1. 小香蕉便宜，大香蕉贵。　　　　（　）
2. 大香蕉五块五一斤。　　　　　　（　）
3. 女的买三斤小香蕉。　　　　　　（　）
4. 女的买的水果一共十二块钱。　　（　）

二 语音语调 Pronunciation and intonation

（一）听后填出声母　**Write out the initials after listening**

___iān___iáng　　___iǎo___ìng　　___iāng___uàn　　___iáng___ìn

___īng___ìng　　___ǔ___iāo　　___ǐ___ìng　　___iǎng___ǐn

___uān___iàn　　___ióng___ìn　　___ì___iàng　　___ìn___iàn

___iān___ū　　___uǎn___iū　　___iàn___iàng　　___uán___ú

___iū___iān   ___iān___ū   ___ián___ì   ___iāo___ū

___iǎng___iě   ___iān___uè   ___í___ì   ___īn___íng

（二）听后填出韵母 Write out the finals after listening

z___ y___   h___ ch___   z___ r___   ch___ k___

zh___ sh___   z___ t___   zh___ c___   g___ y___

f___ y___   ch___ r___   h___ d___   zh___ ch___

c___ d___   c___ s___   f___ f___   zh___ w___

zh___ y___   f___ m___   x___ sh___   x___ sh___

（三）听后选择你听到的词语 Choose the words you hear

1. A. bōxuē   B. bóxué   2. A. ānrán   B. ànrán

3. A. huānyíng B. huànyǐng   4. A. qīngjìng B. qíngjǐng

5. A. chūxí   B. chúxī   6. A. tícái   B. tǐcái

7. A. qítú   B. qǐtú   8. A. chángshí B. chángshì

9. A. chūnjié   B. chúnjié

（四）听后填出你听到的音节 Write out the syllables you hear

1. Nín zhīdào Zhāng lǎoshī jiā de diànhuà_____ma?

2. Zuò xuéwèn yào huā gōngfu,_____yǐhéng, rìjī yuèlěi.

3. Zhè zhāng zhàopiàn shang méiyǒu_____de shíjiān.

4. Wǒ mǎi sān zhāng bā máo qián de_____.

5. Nǐ mǎshàng_____gàosu tāmen zhè jiàn shì ba.

6. Tā jīngcháng zài_____shang duànliàn shēntǐ.

会话 Conversations

一 课文 Text

(一) 你要这种还是要那种？

A: Qǐngwèn, yǒu Hàn-Yīng Cídiǎn ma?
　　请问， 有 汉英 词典 吗？

B: Wǒmen yǒu liǎng zhǒng Hàn-Yīng Cídiǎn, nǐ yào zhè zhǒng háishi yào nà zhǒng?
　　我们 有 两 种 汉英 词典，你要 这 种 还是要 那 种？

A: Dà de zhè zhǒng duōshao qián yì běn?
　　大 的 这 种 多少 钱 一 本？

B: Liùshíbā kuài.
　　六十八 块。

A: Xiǎo de duōshao qián?
　　小 的 多少 钱？

B: Xiǎo de sìshíwǔ kuài qián yì běn.
　　小 的 四十五 块 钱 一 本。

A: Wǒ yào xiǎo de ba, gěi nǐ qián.
　　我 要 小 的 吧，给 你 钱。

B: Zhè shì yìbǎi kuài, zhǎo nín wǔshíwǔ kuài.
　　这 是 一百 块， 找 您 五十五 块。

(二) 你喝什么？

A: Tiānqì bǐjiào rè, wǒmen mǎidiǎnr hē de ba?
天气 比较 热，我们 买点儿 喝 的 吧？

B: Hǎo, wǒ yě hěn kě, nǐ hē shénme, shuǐ háishi yǐnliào?
好，我 也 很 渴，你 喝 什么，水 还是 饮料？

A: Wǒ hē shuǐ ba.
我 喝 水 吧。

B: Shīfu, mǎi yì píng shuǐ. duōshao qián?
师傅，买 一 瓶 水。多少 钱？

C: Liǎng kuài qián.
两 块 钱。

B: Kělè duōshao qián yì píng?
可乐 多少 钱 一 瓶？

C: Nǐ yào Kěkǒu kělè háishi Bǎishì kělè?
你 要 可口 可乐 还是 百事 可乐？

B: Kěkǒu kělè ba.
可口 可乐 吧。

C: Kělè liǎng kuài wǔ, yígòng sì kuài wǔ.
可乐 两 块 五，一共 四 块 五。

B: Gěi nín qián.
给 您 钱。

C: Zhè shì shí kuài, zhǎo nǐ wǔ kuài wǔ.
这 是 十 块，找 你 五 块 五。

二 语音语调 Pronunciation and intonation

（一）句重音（3） Sentence stress (3)

双宾语句的直接宾语要重读。如：

The direct object in a double-object sentence must be stressed. For example:

我给售货员一百块钱。

（二）语调（4） Intonation (4)

选择疑问句的语调较高，语速慢，供选择的部分重读，连词"还是"轻读，"还是"前读升调，"还是"后读降调。如：

An alternative question must be read slowly and with high intonation, and the alternatives are stressed, the conjuction 还是 is unstressed, the alternative before 还是 is read with rising intonation, while the one after, the falling intonation. For example:

你的本子是新的↑还是旧的？↓

三 练习 Exercises

（一）读下面的儿化词 Read the following -er phrases

bīnggùnr	míngpáir	dòuyár	xīnyǎnr
dǎmíngr	kǒushàor	diànyǐngr	nàmènr
wányìr	jiàozhēnr	yíxiàr	yígejìnr

（二）认读汉字并写出拼音

Learn and read the following characters and give *pinyin* to each of them

件（　）　衣（　）　服（　）　可（　）　能（　）

牛（　）　奶（　）　瓶（　）　傅（　）　东（　）

香（　）　蕉（　）　双（　）　鞋（　）　真（　）

热（　）　渴（　）　饮（　）　料（　）

（三）读下面的句子并标出重音

Read the following sentences and mark the stresses

1. 我给售货员五十块钱，他找我二十一。
2. 你要红色的还是黑色的？
3. 田老师教我们语法。
4. 丁荣给我一本汉英词典。
5. 我要十个本子，四支笔。
6. 书包多少钱一个？

（四）读下面的句子并标出语调的升降

Read the following sentences and mark their intonation

1. 你要汉英词典还是要英汉词典？
2. 今天西瓜很便宜，你买西瓜吧。
3. 我这儿有苹果也有橘子，你吃苹果还是橘子？
4. 红色的书包85块钱，黑色的91块，你要红的还是黑的？
5. 你上午去公园还是下午去公园？
6. 便宜点儿吧。

（五）用下面的词语各说一句话

Make up a sentence orally with each of the following words

点儿　　要　　还是　　一共　　给　　找　　可能　　渴

（六）完成对话　　**Complete the dialogues**

1. A: _____？
   B: 我买本子。
   A: _____？
   B: 要三个。
   A: _____？
   B: 一共十块钱。

2. A：_____？

   B：我买衣服。_____？

   A：这件一百八十块。

   B：_____？太贵。

   A：这件蓝色的也很好，这件比较便宜。

   B：_____？

   A：一百二十块一件。

   B：_____，给你钱。

   A：_____，找您三十块。

   B：谢谢你。

   A：_____？

（七）下面是一些常见水果的名称，请你练习买下面的水果

The following is the names of common fruits. Please make a conversation to buy the following fruits

梨	lí	pear
杏	xìng	apricot
桃	táo	peach
葡萄	pútao	grape
菠萝	bōluó	pineapple
李子	lǐzi	plum
橙子	chéngzi	orange
柠檬	níngméng	lemon
芒果	mángguǒ	mango
草莓	cǎoméi	strawberry
枇杷	pípá	medlar
樱桃	yīngtáo	cherry
石榴	shíliu	pomegranate
柿子	shìzi	persimmon
枣	zǎo	date

（八）情景会话 Situational conversations

1. 请你去买两种水果，用对话的形式表现出买东西的过程。

    You go to buy two types of fruits. Please introduce the process of buying fruits by a dialogue.

2. 请你说出5到10种商品的价格。

    Speak out the prices of five to ten commodities.

（九）读一读下面的绕口令，比比谁读得准、读得快

Read the following tongue-twister to see who can read quickest and best

Xiǎoxiao guò qiáo zhǎo lǎolao, Qiǎoqiao guò qiáo zhǎo sǎosao.
小小　过　桥　找　姥姥，巧巧　过　桥　找　嫂嫂。

Xiǎoxiao qiáo shang pèngdào Qiǎoqiao,
小小　桥　上　碰到　巧巧，

Qiǎoqiao yuē Xiǎoxiao qù zhǎo sǎosao,
巧巧　约　小小　去　找　嫂嫂，

Xiǎoxiao yuē Qiǎoqiao qù zhǎo lǎolao.
小小　约　巧巧　去　找　姥姥。

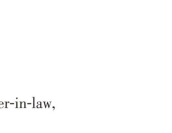

Xiǎoxiao yǔ Qiǎoqiao, tóng qù zhǎo lǎolao,
小小　与　巧巧，同　去　找　姥姥，

Zhǎobà lǎolao yòu qù zhǎo sǎosao.
找罢　姥姥　又　去　找　嫂嫂。

Xiaoxiao walks over a bridge to look for her grandma,

Qiaoqiao also walks over the bridge to look for her sister-in-law,

When Xiaoxiao meets Qiaoqiao on the bridge,

Qiaoqiao asks Xiaoxiao to go together to look for her sister-in-law,

Xiaoxiao asks Qiaoqiao to go together to look for her grandma.

Xiaoxiao and Qiaoqiao go to look for the grandma together,

Having found grandma, they go to look for the sister-in-law again.

第十二课 明天是中国的教师节
Lesson 12 Tomorrow is Teachers' Day in China

生词 New Words

听力部分 Listening Part

1.	新年	n.	xīnnián	New Year, New Year's Day	甲
2.	过	v.	guò	cross, pass; transfer	甲
3.	有时候		yǒu shíhou	sometimes, now and then	甲
4.	写	v.	xiě	write; compose	甲
5.	知道	v.	zhīdào	know, realise, be aware of	甲
6.	号码	n.	hàomǎ	number	乙
7.	以后	n.	yǐhòu	after, afterwards, later	甲
8.	参加	v.	cānjiā	participate, take part in, join, attend	甲
9.	下课	v.o.	xià kè	class is over	甲
10.	第	pref.	dì	used as a prefix before a number, to form ordering numbers	甲
11.	次	m.(v.)	cì	occurrence, times	甲

会话部分 Conversation Part

1.	节	n.	jié	festival, holiday	甲
2.	贺卡	n.	hèkǎ	congratulation cards	
3.	一定	adv.	yídìng	surely, definite	甲
4.	时间	n.	shíjiān	time, duration, (a point in) time	甲
5.	事	n.	shì	matter, affair, thing	甲

第十二课 明天是中国的教师节

专名 Proper Nouns

| 上海 | Shànghǎi | a city in China |

本课新字 New Characters

过　写　知　道　码　以　参　加　第
次　贺　卡　定　事

听力 Listening

一　听力理解 Listening comprehension

（一）听下面的句子并选择正确答案
Listen to the following sentences and then choose the right answers

1. A. 5月10号　　　B. 8月21号　　　C. 12月31号
2. A. 明天是星期一　B. 明天不上课　　C. 明天天气很好
3. A. 三月二十六日　B. 六月二十日　　C. 八月二十六日
4. A. 星期一　　　　B. 星期三　　　　C. 星期六
5. A. 一本书　　　　B. 一支笔　　　　C. 一件衣服
6. A. 妈妈　　　　　B. 爸爸　　　　　C. 我
7. A. 明天一月一号　B. 明天休息　　　C. 明天是周末，不上课
8. A. 他常常给爸爸妈妈打电话
   B. 他也常常给爸爸妈妈写信
   C. 爸爸妈妈有时候给他写信
9. A. 4月17号　　　B. 7月14号　　　C. 10月17号

10. A. 张老师的家在哪儿
    B. 张老师的电话号码
    C. 张老师家有没有电话

(二) 听下面的对话并选择正确答案
Listen to the following conversations and then choose the right answers

1. A. 7号　　　　　　B. 21号　　　　　　C. 28号
2. A. 过生日　　　　B. 参加生日晚会　　C. 举行生日晚会
3. A. 八点　　　　　B. 十二点　　　　　C. 十二点半
4. A. 送朋友什么礼物　B. 去哪儿买书　　　C. 什么时候过生日
5. A. 丁荣　　　　　B. 安达　　　　　　C. 波伟
6. A. 男的去　　　　B. 女的去　　　　　C. 男的、女的一起去
7. A. 星期一　　　　B. 星期二　　　　　C. 星期五
8. A. 一点半　　　　B. 四点　　　　　　C. 五点
9. A. 食堂　　　　　B. 宿舍　　　　　　C. 食堂或宿舍
10. A. 明天晚上有晚会　B. 男的明天晚上有课　C. 女的不参加晚会

(三) 听下面的短文并判断正误
Judge the statements true or false after listening to the passage

1. 安达的生日是九月二十五日。　　（　　）
2. 安达今年十八岁。　　　　　　　（　　）
3. 安达有二十个同学。　　　　　　（　　）
4. 同学送的礼物，安达都很喜欢。　（　　）
5. 安达第一次在中国过生日。　　　（　　）

二 语音语调 Pronunciation and intonation

(一) 听后填出声母　**Write out the initials after listening**

___ōng　___āi　___ēng　___uàn　___ǎo　___ǔ　___uáng　___uān

第十二课　明天是中国的教师节

___ǎi___uān　___áng___ōng　___ān___ǔ　___é___é

___òng___ào　___ōng___ǎn　___òu___uǒ　___uān___uài

___āng___ǎi　___āo___uì　___āi___ōng　___uǐ___èn

___uān___uái　___ēng___ài　___uān___uò　___uǎn___é

（二）听后填出韵母　**Write out the finals after listening**

j___ j___　　y___ w___　　q___ j___　　l___ sh___

x___ x___　　n___ h___　　y___ sh___　　zh___ l___

y___ s___　　l___ d___　　q___ sh___　　n___ d___

（三）听后填出声调　**Write out the tones after listening**

1. bianzhi　　bianzhi　　bianzhi　　bianzhi
2. zhuyi　　zhuyi　　zhuyi　　zhuyi
3. bianjie　　bianjie　　bianjie　　bianjie
4. baoxiao　　baoxiao　　baoxiao　　baoxiao
5. xiangqi　　xiangqi　　xiangqi　　xiangqi

（四）听后填出你听到的音节　**Write out the syllables you hear**

1. Wǒmen_____méiyǒu wàiguó zhíyuán.

2. Xiǎo_____bú shì méiyǒu hǎo dàifu.

3. Wǒ dìdi shì Běijīng_____Dàxué yī niánjí de xuésheng.

4. Xuéxiào de_____bān kāishǐ bào míng le.

5. _____de shíhou wǒ gěi dàjiā shuōle yí ge xiàohua.

6. Wǒ měi tiān liù diǎn bàn_____.

会话 Conversations

一 课文 Text

（一）明天是中国的教师节

A：Jīntiān jǐ yuè jǐ hào?
今天几月几号？

B：Jīntiān jiǔyuè jiǔ hào.
今天九月九号。

A：Míngtiān jiǔyuè shí hào, shì Zhōngguó de Jiàoshī Jié.
明天九月十号，是中国的教师节。

B：Shì ma? Wǒmen guójiā de Jiàoshī Jié shì jiǔyuè èrshíbā hào.
是吗？我们国家的教师节是九月二十八号。

A：Zhè shì Zhōngguó dì èrshísān ge Jiàoshī Jié.
这是中国第二十三个教师节。

B：Nà dì yī ge Jiàoshī Jié shì yī jiǔ bā wǔ nián jiǔyuè shí rì?
那第一个教师节是一九八五年九月十日？

A：Duì.
对。

B：Jiàoshī Jié wǒmen sòng lǎoshī shénme lǐwù?
教师节我们送老师什么礼物？

A：我们做一张漂亮的贺卡吧,送给老师。

B：好。老师一定喜欢。

(二) 明天我在宿舍举行生日晚会

A：丁荣在吗?

B：在,请进。

A：你好,丁荣。

B：李明爱,你好。

A：明天晚上你有时间吗?

B：有,你有事吗?

A：明天是我的生日,我在宿舍举行生日晚会,你也来吧。

Míngtiān wǎnshang jǐ diǎn?
B：明天　　晚上　几　点？

Liù diǎn.
A：六　点。

Hǎo, wǒ yídìng qù, zhù nǐ shēngrì kuàilè.
B：好，我　一定　去，祝　你　生日　快乐。

Xièxie.
A：谢谢。

二 注释 Notes

（一）这是中国第二十三个教师节　It is the 23rd Teachers' Day in China

词头"第"后面加数词表示序数。如；

第 is used before a number to form a ordinal number. For example:

第十课　　第一个星期　　第五天

三 语音语调 Pronunciation and intonation

（一）句重音（4）　Sentence stress（4）

有状语的句子，一般状语要重读。介宾短语做状语，动词后又有宾语时，介词的宾语和动词的宾语都要重读。如：

The adverbial in a sentence must be stressed. If the adverbial is acted by a preposition-object phrase, and the verb has its own object, both of the two objects must be stressed. For example:

（1）我们都是留学生。

（2）我在钟山大学学习汉语。

（二）语调（5）　Intonation（5）

1. 用疑问语调来提问的疑问句句尾是上升语调。如：

In questions asked by interrogative words, the end part must be read with rising intonation. For example:

你的生日是九月三十号？↑

四 练习 Exercises

(一) 读下面的儿化词 Read the following -er phrases

dàitóur	bǐtóur	bāogānr	chàdiǎnr
dāobàr	diànyǐngr	gànhuór	rényuánr
húzuǐr	màisuìr	shàngbānr	xiédàir

(二) 认读汉字并写出拼音
Learn and read the following characters and give *pinyin* to each of them

过（　）　写（　）　知（　）　道（　）　码（　）

以（　）　参（　）　加（　）　第（　）　次（　）

贺（　）　卡（　）　定（　）　事（　）

(三) 读下面的句子并标出重音和语调的升降
Read the following sentences and mark the intonation

1. 周末的时候，我在家吃饭。
2. 你们的国家没有教师节？
3. 我常常给爸爸妈妈打电话。
4. 我不喜欢在图书馆看书，我喜欢在宿舍看书。
5. 第一个教师节是一九八五年九月十日？
6. 我一定参加你的生日晚会。

(四) 用下面的词语各说一句话
Make up a sentence orally with each of the following words or phrases

举行　快乐　祝　送　过　有时候　以后　参加　一定　时间

（五）将下列句子改成语调疑问句并朗读
Put the following into intonation questions and then read them

1. 他是留学生。

2. 今天星期六。

3. 明天我们不上课。

4. 今天是王明的生日。

5. 王老师是二班的汉语老师。

6. 苹果和香蕉一共二十五块钱。

（六）完成对话　**Complete the dialogues**

1. A：_____？

   B：我的生日是十月十三号。

   A：_____？

   B：今天十二号。

   A：_____？

   B：对，明天是我的生日。

   A：你哪年出生的？

   B：_____。

2. A：王明，你好，好久不见。

   B：_____，安达。

   A：你最近（zuìjìn）忙吗？

   B：_____。

   A：后天是我的生日。

   B：是吗？_____。

   A：谢谢。后天我在宿舍举行生日晚会，你也来吧。

   B：好，_____？

   A：后天晚上七点。

   B：_____。

（七）情景会话 Situational conversations

1. 询问两位朋友的生日。

   Ask two of your friends about their birthdays.

2. 明天是你的生日，邀请你的老师参加生日晚会。

   Tomorrow is your birthday. Please invite your teacher to your birthday party.

3. 你在中国过了一个生日，打电话告诉爸爸妈妈你过生日的情况。

   You had your birthday in China. Make a phone call to your parents to tell them about your birthday.

（八）读一读下面的绕口令，比比谁读得准、读得快

Read the following tongue-twister to see who can read quickest and best

Jìnle ménr, dào bēi shuǐ, hēle liǎng kǒu yùnyun qìr.
进了门儿，倒杯水，喝了两口运运气儿。

Shùnshǒu náqǐ xiǎo chàngběnr, chàngle yì qǔr yòu yì qǔr.
顺手拿起小唱本儿，唱了一曲儿又一曲儿。

Ràokǒulìngr, liàn zìyīnr, hái yǒu kuàibǎnr dàgǔcír,
绕口令儿，练字音儿，还有快板儿大鼓词儿，

Yuè shuō yuè chàng yuè dàijìnr.
越说越唱越带劲儿。

Enter into the door, have a glass of water and take a deep breath.
Take a booklet of song nearby, sing the song one by one,
Tongue-twist, phonetics practice, allegretto and dagu words,
How wonderful to read and sing.

第十三课　最近工作很忙

Lesson 13　I am busy with my work recently

生词 New Words

听力部分　Listening Part

1. 小时	n.	xiǎoshí	hour	甲
2. 饭店	n.	fàndiàn	restaurant	甲
3. 锻炼	v., n.	duànliàn	do physical training, take exercise	甲
4. 好吃	adj.	hǎochī	good to eat, delicious	甲
5. 辣	adj.	là	hot, peppery	丙
6. 舒服	adj.	shūfu	comfortable	甲
7. 上班	v.o.	shàng bān	go to work	乙
8. 校长	n.	xiàozhǎng	school headmaster	乙
9. 辛苦	adj.	xīnkǔ	hardship	甲

会话部分　Conversation Part

1. 啊	particle	a	attached to the end of a sentence to express agreement or admiration	甲
2. 事情	n.	shìqing	thing, affair, matter	甲

第十三课　最近工作很忙

本课新字 New Characters

| 锻 | 炼 | 辣 | 舒 | 长 | 啊 | 情 | 辛 | 苦 |

听力 Listening

一　听力理解 Listening comprehension

（一）听下面的句子并选择正确答案

Listen to the following sentences and then choose the right answers

1. A. 好　　　　　　B. 不好　　　　　　C. 不太好
2. A. 四岁　　　　　B. 三岁　　　　　　C. 两岁
3. A. 男同学多　　　B. 女同学多　　　　C. 女老师多
4. A. 8个小时　　　 B. 5个小时　　　　 C. 40个小时
5. A. 爸爸　　　　　B. 妈妈　　　　　　C. 爸爸和妈妈
6. A. 不买　　　　　B. 买很多　　　　　C. 买一点儿
7. A. 食堂　　　　　B. 宿舍　　　　　　C. 饭店
8. A. 上午　　　　　B. 下午　　　　　　C. 晚上
9. A. 都很努力　　　B. 有的很努力　　　C. 都不太努力
10. A. 哥哥不喜欢他的工作　B. 哥哥是律师　　C. 哥哥很忙

（二）听下面的对话并选择正确答案

Listen to the following conversations and then choose the right answers

1. A. 很漂亮　　　　B. 身体很好　　　　C. 汉语不太好
2. A. 星期五　　　　B. 星期六　　　　　C. 星期天
3. A. 很好　　　　　B. 语法不太好　　　C. 发音不太好
4. A. 男的的　　　　B. 女的的　　　　　C. 别人的
5. A. 中国菜　　　　B. 韩国菜　　　　　C. 别的菜
6. A. 教室　　　　　B. 宿舍　　　　　　C. 食堂

103

7. A. 两节　　　　　B. 三节　　　　　C. 五节

8. A. 从星期一到星期五
   B. 从星期一到星期六
   C. 从星期五到星期六

9. A. 男的不认识王校长
   B. 女的不认识王校长
   C. 男的不认识女的

10. A. 美国　　　　　B. 中国　　　　　C. 英国

（三）听下面的对话并判断正误

Judge the statements true or false after listening to the dialogue

1. 女的不常锻炼身体，但是身体很好。　（　　）
2. 女的学习不努力。　（　　）
3. 王老师工作比较忙。　（　　）
4. 王老师教一年级三班的口语。　（　　）
5. 王老师星期五没有课。　（　　）

二 语音语调 Pronunciation and intonation

（一）听后补全音节

Complete the syllables after listening

___ěn___ǔ　　　___uǎn___uò　　　___ǒng___uǎn　　　___ú___ǎn

___ú___òu　　　___ì___àng　　　___éng___án　　　___ìng___àn

___óng___ěn　　___óu___uǎn　　___ú___uò　　　　___ěn___ǎn

___ǎo___ǎng　　___ǐng___ìn　　　___uè___uán　　　___āo___àn

___ùn___uè　　　___uān___uán　　___óu___ú　　　　___ín___īng

___én___ǐng　　　___ōu___uàn　　　___óu___ǒng　　　___íng___ǎo

第十三课　最近工作很忙

（二）听后填出韵母　Write out the finals after listening

d___l___　　z___y___　　t___m___　　b___z___

s___m___　　c___d___　　d___zh___　　z___l___

ch___d___　　l___ch___　　c___zh___　　z___s___

k___s___　　d___w___　　n___q___　　c___z___

sh___d___　　s___g___　　s___p___　　y___s___

（三）听后填出声调　Write out the tones after listening

shanchong shuifu　　jinjin jijiao　　xinzhi koukuai

shoudao qinlai　　hanxin ruku　　luohua liushui

huahong liulü　　beijing lixiang　　kuteng laoshu

wangu liufang　　diaochong xiaoji　　huashe tianzu

shenmou yuanlü　　xiushou pangguan　　xiaoyao fawai

（四）听后填出你听到的音节　Write out the syllables you hear

1. Bù jīng_____, zhǎng bu chéng_____.

2. Xuéxiào shì_____rén de_____.

3. Wǒ_____cóng bā diǎn dào_____dǎn shàng kè.

4. Wǒ zhù_____māma_____jiànkāng.

5. Nǐ_____shítáng de fàncài_____ma?

6. Rénshēng de_____tā jīnglìle_____.

（五）听后选择你听到的词语　Choose the words you hear

1. A. zhāoqì　　B. cháoqì　　2. A. xíjī　　B. shíjì

3. A. nǚrén　　B. lǚrén　　4. A. Niúláng　　B. Liúniáng

5. A. jiéjie　　B. yéye　　6. A. mài guā　　B. mài huā

7. A. Xījiàng　　B. Qījiàng　　8. A. Shuǐhú　　B. Shuǐlú

105

会话 Conversations

一 课文 Text

（一）您身体好吗？

波伟：Lǎoshī, nín hǎo, nín shēntǐ hǎo ma?
老师，您好，您身体好吗？

老师：Hěn hǎo, xièxie. Nǐ shēntǐ hǎo ma?
很好，谢谢。你身体好吗？

波伟：Wǒ yě hěn hǎo.
我也很好。

老师：Nǐ zuìjìn xuéxí zěnmeyàng?
你最近学习怎么样？

波伟：Tīnglì yǒudiǎnr nán, yǔfǎ búcuò.
听力有点儿难，语法不错。

老师：Nǐ bàba māma shēntǐ zěnmeyàng?
你爸爸妈妈身体怎么样？

波伟：Tāmen dōu hěn hǎo, xièxie. Lǎoshī, nín zuìjìn gōngzuò máng ma?
他们都很好，谢谢。老师，您最近工作忙吗？

老师：Zuìjìn bǐjiào máng.
最近比较忙。

波伟：Lǎoshī, nín bù máng de shíhou, qǐng bāngzhù wǒ ba.
老师，您不忙的时候，请帮助我吧。

老师：Hǎo a.
好 啊。

(二) 最近工作很忙

A：Nǐ hǎo, hǎojiǔ bú jiàn!
你好，好久不见！

B：Shì a, zuìjìn zěnmeyàng?
是啊，最近怎么样？

A：Zuìjìn gōngsī de shìqing hěn duō, chángcháng hěn wǎn xià bān.
最近公司的事情很多，常常很晚下班。

B：Shì ma? Yídìng hěn lèi ba?
是吗？一定很累吧？

A：Shì a. Zhè ge yuè yǒudiǎnr máng. Nǐ zěnmeyàng?
是啊。这个月有点儿忙。你怎么样？

B：Wǒ bú tài máng. Cóng xīngqīyī dào xīngqīwǔ shàng bān, xīngqīliù xīngqītiān xiūxi.
我不太忙。从星期一到星期五上班，星期六星期天休息。

A：Nǐ de gōngzuò hěn shūfu a. Nǐ xiànzài qù nǎr?
你的工作很舒服啊。你现在去哪儿？

B：Huí jiā, nǐ qù nǎr?
回家，你去哪儿？

A：Wǒ yě huí jiā.
我 也 回 家。

B：Hǎo, zàijiàn!
好, 再见!

A：Zàijiàn!
再见!

二 注释 Notes

（一）A：好久不见。 **Long time no see. / We haven't met for a long time.**
B：是啊。 **I think so.**

"是啊"表示对对方所说的话表示同意。又如：

The expression 是啊 is an approval to other's opinion. For example：

（1）A：今天是你的生日？
B：是啊。

（2）A：你喜欢吃中国菜？
B：是啊。

（二）你的工作很舒服啊。 **You have a comfortable job.**

"啊"用在句末，表示一种舒缓的语气。

The word 啊 is used to express a kind of easy and relaxed mood.

三 语音语调 Pronunciation and intonation

句重音（4） **Sentence stress（4）**

主谓谓语句中，一般小谓语重读，小主语次重，大主语一般不重读。如：

In predicate of subject-predicate phrases, the sub-predicate is first stressed, the sub-subject is second stressed, while the subject is usually not stressed. For example：

妈妈身体很好。

小谓语"很好"重读。

The phrases 很好 is the sub-predicate, and it must be stressed.

若用于对举时，则小主语重读。如：

In comparison, the sub-subject ought to be stressed. For example：

丁荣发音很好，汉字不太好。

四 练习 Exercises

(一) 读下面的词语，注意区别

Read the following words and pay attention to their differences

{ shēnghuó shēnghuǒ	{ guānxi guānxīn	{ hùxiāng huíxiǎng	{ shēntǐ shēngqì
{ yìdiǎnr yǒudiǎnr	{ xīngqī xīnqíng	{ shítáng shítou	{ fēicháng fēixiáng

(二) 认读汉字并写出拼音

Learn and read the following characters and give *pinyin* to each of them

从（　　）　岁（　　）　最（　　）　近（　　）

怎（　　）　样（　　）　累（　　）　自（　　）

己（　　）　做（　　）　每（　　）　活（　　）

漂（　　）　亮（　　）　关（　　）　心（　　）

帮（　　）　助（　　）　努（　　）　系（　　）

可（　　）　错（　　）

(三) 读下面的句子并标出重音

Read the following sentences and mark their stresses

1. 您身体好吗？
2. 你最近学习怎么样？

3. 他们都很好。

4. 我的口语也不太好。

5. 是吗？一定很累吧？

6. 最近公司的事情很多。

7. 这个月有点儿忙。

8. 你的工作很舒服啊。

（四）用下面的词语各说一句话

Make up one sentence orally with each of the following words or phrases

最近　　怎么样　　有点儿　　从……到……　　互相
每　　　努力　　　舒服

（五）完成对话　　**Complete the dialogues**

1. A：＿＿＿＿＿＿＿＿＿＿＿？
   B：很好，谢谢。你怎么样？
   A：我也很好。＿＿＿＿＿＿＿＿＿？
   B：不太忙。
   A：＿＿＿＿＿＿＿＿＿＿＿？
   B：我儿子在两江大学学习。
   A：＿＿＿＿＿＿＿＿＿＿＿？
   B：学习英语。
   A：＿＿＿＿＿＿＿＿＿＿＿？
   B：不错。

2. A：你在哪儿吃饭？
   B：＿＿＿＿＿＿＿＿＿＿＿。
   A：食堂的饭菜好吃吗？
   B：＿＿＿＿＿＿＿＿＿＿＿。
   A：别的同学呢？
   B：＿＿＿＿＿＿＿＿＿＿＿。

A：你们的宿舍怎么样？
B：_____。
A：安静吗？
B：_____。

（六）情景会话 Situational conversations

1. 两位朋友互相询问最近的情况。
   Two friends are asking each other how they are getting on recently.

2. 你觉得在中国生活怎么样？请跟你国内的朋友说一说。
   What do you think your life in China? Tell your friends home about it.

（七）读一读下面的绕口令，比比谁读得准、读得快

Read the following tongue-twister to see who can read quickest and best

Dōngdōng hé Fēngfeng, qíngkōng fàng fēngzheng.
冬冬 和 峰峰， 晴空 放 风筝。
Dōngdōng fàng qīngtíng, Fēngfeng fàng xióngyīng.
冬冬 放 蜻蜓， 峰峰 放 雄鹰。
Yíngmiàn kōngzhōng qǐ dōngfēng,
迎面 空中 起 东风，
Qīngtíng xióngyīng chéng fēng xíng.
蜻蜓 雄鹰 乘 风 行。

Dongdong and Fengfeng are flying kites in a sunny day,
Dongdong is flying a dragonfly, and Fengfeng is flying a tercel.
East wind starts to blow,
The dragonfly and the tercel are flying with the wind.

第十四课　您在做什么？

Lesson 14　What are you doing?

生词　New Words

听力部分　Listening Part

1.	睡觉	v.o.	shuì jiào	sleep	甲
2.	说	v.	shuō	say, talk	甲
3.	话	n.	huà	words	甲
4.	声音	n.	shēngyīn	voice, sound	甲
5.	飞机	n.	fēijī	airplane, plane	甲
6.	开	v.	kāi	drive	甲
7.	车	n.	chē	vehicle	甲
8.	讲	v.	jiǎng	talk; explain	甲
9.	帮	v.	bāng	help, assist, aid	乙
10.	读	v.	dú	read; pronounce	甲
11.	告诉	v.	gàosu	tell	甲
12.	洗	v.	xǐ	wash	甲
13.	碗	n.	wǎn	bowl	甲

会话部分　Conversation Part

1.	叶子	n.	yèzi	leaf	乙
2.	打的	v.o.	dǎ dī	take a taxi	
3.	路	m.(n.)	lù	route, used for bus	甲
4.	问	v.	wèn	ask, enquire	甲
5.	等	v.	děng	wait	甲
6.	准备	v.	zhǔnbèi	prepare	甲

第十四课　您在做什么？

专名　Proper Nouns

1. 上海大学	Shànghǎi Dàxué	Shanghai University
2. 西山	Xīshān	West mountain

本课新字　New Characters

睡　声　飞　机　开　讲　读　叶　等
准　备　说　话　告　诉　洗　碗　路

听力　Listening

一　听力理解　Listening comprehension

（一）听下面的句子并选择正确答案
Listen to the following sentences and then choose the right answers

1. A. 丁荣　　　　　　B. 波伟　　　　　　C. 别的人
2. A. 睡觉　　　　　　B. 说话　　　　　　C. 学习
3. A. 好　　　　　　　B. 不错　　　　　　C. 不太好
4. A. 有　　　　　　　B. 没有　　　　　　C. 有一点儿
5. A. 开车　　　　　　B. 坐车　　　　　　C. 骑车
6. A. 食堂或者宿舍　　B. 宿舍或者饭店　　C. 饭店或者食堂
7. A. 坐飞机　　　　　B. 买东西　　　　　C. 看朋友
8. A. 汉语　　　　　　B. 英语　　　　　　C. 汉语和英语
9. A. 发音不都很好　　B. 发音都不太好　　C. 汉字都不太好
10. A. 波伟　　　　　　B. 丁荣　　　　　　C. 我

113

（二）听下面的对话并选择正确答案
Listen to the following conversations and then choose the right answers

1. A. 回宿舍　　　　B. 去商店　　　　C. 去书店
2. A. 水　　　　　　B. 树　　　　　　C. 花
3. A. 常常聊天儿　　B. 一起玩儿　　　C. 互相学习
4. A. 去　　　　　　B. 不去　　　　　C. 不一定
5. A. 男的　　　　　B. 女的　　　　　C. 别的人
6. A. 老师　　　　　B. 学生　　　　　C. 医生
7. A. 学习汉语　　　B. 看中文书　　　C. 看英文书
8. A. 这个商店很好
   B. 这个商店的东西很便宜
   C. 她也常在这个商店买东西
9. A. 苹果　　　　　B. 西瓜　　　　　C. 苹果或者西瓜
10. A. fēi　　　　　B. hēi　　　　　 C. pēi

（三）听下面的短文并判断正误
Judge the statements true or false after listening to the passage

1. 今天是星期六。　　　　　　　　（　　）
2. 爸爸和妈妈一起做晚饭。　　　　（　　）
3. 爸爸明天去商店买衣服。　　　　（　　）
4. 我明天跟同学一起去公园。　　　（　　）
5. 晚饭以后，我不洗碗。　　　　　（　　）

二 语音语调 Pronunciation and intonation

（一）听后填出声母　Write out the initials after listening

＿＿īng　＿＿iàn　＿＿āng　＿＿áng　＿＿ēn　＿＿àng　＿＿áng　＿＿iān

＿＿í　＿＿áo　＿＿ēn　＿＿ā　＿＿én　＿＿ǎn　＿＿ín　＿＿èn

＿＿ǎn　＿＿ó　＿＿ú　＿＿íng　＿＿ěn　＿＿ò　＿＿iàn　＿＿ié

___īng ___āng ___ào ___èi ___èi ___ǔ ___ì ___ūn

___āi ___è ___ōu ___uǒ ___ì ___óng ___èng ___òng

___uò ___á ___ǎi ___è ___ú ___ì ___uí ___óng

(二) 听后填出韵母 **Write out the finals after listening**

d___l___   ch___g___   ch___f___   t___t___

g___sh___   f___s___   l___d___   m___l___

z___h___   n___d___   p___s___   c___r___

z___h___   zh___sh___   ch___s___   h___d___

(三) 听后填出声调 **Write out the tones after listening**

bicao ruyin   xuqing jiayi   miaoshou huichun

yegong haolong   yourou guaduan   zizuo zishou

zhongliu dizhu   diguang renxi   xinyue chengfu

kegu mingxin   henzhi rugu   bulü weijian

yunzhe wuzhao   shisi rugui   rongru xiewang

(四) 听后填出你听到的音节 **Write out the syllables you hear**

1. Wǒ_____ kàn_____ ne.

2. Nǐ jīntiān wǎnshang_____ ma?

3. Wǒ hé tóngwū zài_____ chī_____.

4. Wǒ xǐhuan gēn_____ yìqǐ wánr.

5. _____huòzhě zuò chē qù dōu kěyǐ.

6. Gōngyuán lǐ de_____ _____hǎo.

（五）听后选择你听到的词语　Choose the right words you hear

1. A. jié yè　　B. juéyè　　2. A. yīngguāi　　B. yīnggāi
3. A. gāoshāo　B. gāoxiāo　4. A. tuìquè　　　B. tuìqù
5. A. cánpǐn　　B. cángpǐn　6. A. jīnyú　　　　B. jīngyú
7. A. chénqīng　B. chéngqīng 8. A. zhuānzhòng　B. zhuāngzhòng

会话 Conversations

一 课文 Text

（一）我们怎么去呢？

A: Zhè ge zhōumò qù Xīshān wánr, zěnmeyàng?
这个 周末 去 西山 玩儿，怎么样？

B: Nàr de fēngjǐng piàoliang ma?
那儿的 风景 漂亮 吗？

C: Hěn piàoliang, shān shang yǒu hěn duō shù, xiànzài yèzi
很 漂亮，山 上 有很多树，现在 叶子
dōu shì hóngsè de, kōngqì yě fēicháng hǎo.
都是 红色 的，空气 也 非常 好。

B: Shì ma? Hǎo, nǐ shuō wǒmen zěnme qù?
是 吗？好，你 说 我们 怎么 去？

A: Qí zìxíngchē tài lèi, dǎ dī tài guì.
骑 自行车 太 累，打 的 太 贵。

B： Zuò gōnggòng qìchē qù, zěnmeyàng?
坐 公共 汽车 去，怎么样？

C： Zuò jǐ lù chē?
坐 几 路 车？

A： Wǒmen dǎ diànhuà wèn yíxiàr lǎoshī ba?
我们 打 电话 问 一下儿 老师 吧？

B： Hǎo. Nǐ zhīdào lǎoshī de diànhuà hàomǎ ma?
好。你 知道 老师 的 电话 号码 吗？

A： Zhīdào.
知道。

(二) 您在做什么？

波伟： Wèi, nǐ hǎo, qǐngwèn Wáng lǎoshī zài ma?
喂，你 好，请问 王 老师 在 吗？

A： Qǐng děng yíxià.
请 等 一下。

王老师： Wèi, nǐ hǎo.
喂，你 好。

波伟： Wáng lǎoshī, nín hǎo, wǒ shì Bōwěi.
王 老师，您 好，我 是 波伟。

王老师： Bōwěi, nǐ hǎo, nǐ yǒu shìr ma?
波伟，你 好，你 有 事儿 吗？

波伟： Wáng lǎoshī, wǒmen zhōumò qù Xīshān, zuò jǐ lù chē a?
王 老师，我们 周末 去 西山，坐 几 路 车 啊？

王老师： Zuò shíwǔ lù chē huò qīshíyī lù chē dōu kěyǐ.
坐 15 路 车 或 71 路 车 都 可以。

波　伟：Hǎo, xièxie lǎoshī.
好，谢谢老师。

王老师：Bú kèqi. Hái yǒu biéde shì ma?
不客气。还有别的事吗？

波　伟：Méiyǒu. Lǎoshī, nín zài zuò shénme?
没有。老师，您在做什么？

王老师：Wǒ zhèngzài zhǔnbèi míngtiān de kè.
我正在准备明天的课。

波　伟：Lǎoshī, míngtiān jiàn!
老师，明天见！

王老师：Míngtiān jiàn!
明天见！

二 语音语调 Pronunciation and intonation

语调（6）　Intonation（6）

用"……，好吗？"问时，"好"重读，句尾读升调。如：

When someone is asked with the expression "……，好吗？", the word "好" must be stressed, and the sentence end must be read with a rising intonation. For example：

（1）我们今天去外面吃饭，好吗？↑

（2）给我用一下你的笔，好吗？↑

三 练习 Exercises

（一）读下面的词语，注意区别

Read the following words and pay attention to their differences

| { hóngyè | { zhùyì | { dǎdī | { lǎoshī |
| huángyè | zhúyì | dàdī | lǎoshi |

$$\begin{cases} \text{zhīdào} \\ \text{chídào} \end{cases} \qquad \begin{cases} \text{zhǔnbèi} \\ \text{zhuāngbèi} \end{cases} \qquad \begin{cases} \text{yìqǐ} \\ \text{yìqí} \end{cases} \qquad \begin{cases} \text{dǎrǎo} \\ \text{dǎjiǎo} \end{cases}$$

（二）认读汉字并写出拼音
Learn and read the following characters and give *pinyin* to each of them

喂（　）　正（　）　在（　）　事（　）　空（　）

骑（　）　汽（　）　或（　）　者（　）　坐（　）

里（　）　风（　）　景（　）　树（　）　花（　）

气（　）　非（　）　散（　）　步（　）　爱（　）

孩（　）　聊（　）　看（　）　视（　）

（三）读下面的句子并标出重音
Read the following sentences and mark their stresses

1. 这个周末去西山玩儿，怎么样？
2. 那儿的风景漂亮吗？
3. 我们怎么去？
4. 骑自行车太累，打的太贵。
5. 请问王老师在吗？
6. 你有事儿吗？
7. 坐几路车？
8. 坐15路车或71路车都可以。
9. 还有别的事吗？
10. 我正在准备明天的课。

（四）扩展练习　Extending exercises

例：去→去西山→去西山玩儿→周末去西山玩儿→我们周末去西山玩儿

做→做饭→

在→

打→

坐→

有→

（五）用下面的词语各说一句话
Make up a sentence orally with each of the following words or phrases

怎么　怎么样　聊天　锻炼　以前　正在　准备　……，好吗

（六）完成对话　**Complete the dialogues**

1. A：_____？

   B：我正吃早饭呢。

   A：你早饭以后做什么？

   B：_____。

   A：我们一起去图书馆看书，好吗？

   B：_____，_____？

   A：我们半个小时以后，在一楼见吧。

   B：_____。

2. A：_____？

   B：有空儿，_____？

   A：一起去看电影吧？

   B：好啊，_____？

   A：在新华（huá）电影院（yuàn）。

   B：远不远？_____？

   A：坐公共汽车或者打的都可以。

   B：好，_____？

   A：五点半我去你的房间找你。

   B：_____。

（七）情景会话　**Situational conversations**

1. 给一个朋友打电话，询问对方正在做什么，并约他一起出去玩儿。
   Make a phone call to one of your friends. Ask him what he is doing and make an appointment with him to go out together.

2. 说一说你出去玩儿的一次经历。

   Talk about one of your journeys.

（八）读一读下面的绕口令，比比谁读得准、读得快

Read the following tongue-twister to see who can read quickest and best

Pō shang lìzhe yì zhī é,
坡 上 立着 一 只 鹅，

Pō xià jiù shì yì tiáo hé.
坡 下 就 是 一 条 河。

Kuānkuān de hé, féiféi de é,
宽宽 的 河，肥肥 的 鹅，

É yào guò hé, hé yào dù é.
鹅 要 过 河，河 要 渡 鹅。

Bù zhī shì é guò hé,
不 知 是 鹅 过 河，

Háishi hé dù é?
还是 河 渡 鹅？

On the slope a goose is standing,

Below the slope, a river is running.

The river is wide and the goose is fat,

The goose wants to go across the river, while the river wants to ferry it.

It is uncertain whether the goose crosses the river or the river ferries it.

第十五课 复习（三）
Lesson 15　Review Ⅲ

生词　New Words

听力部分　Listening Part

1. 饿	adj.	è	hungry	甲
2. 咖啡	n.	kāfēi	coffee	甲
3. 联系	v., n.	liánxì	get in touch with	甲
4. 后天	n.	hòutiān	the day after tomorrow	乙
5. 颜色	n.	yánsè	colour	甲
6. 蓝	adj.	lán	blue	甲
7. 辆	m.(n.)	liàng	measure word for vehicles	甲
8. 球	n.	qiú	ball	甲

会话部分　Conversation Part

1. 银行	n.	yínháng	bank	甲
2. 换	v.	huàn	change, exchange	甲
3. 小姐	n.	xiǎojie	miss, young lady	甲
4. 兑换率	n.	duìhuànlǜ	rate of exchange	
5. 美元	n.	měiyuán	(U.S.) dollar	乙
6. 人民币	n.	rénmínbì	RMB (PRC currency)	乙
7. 数	v.	shǔ	count	甲
8. 没关系		méi guānxi	it doesn't matter	甲

122

第十五课 复习（三）

专名 Proper Nouns

1. 亚洲　　　　Yàzhōu　　　　Asia
2. 欧洲　　　　Ōuzhōu　　　　Europe
3. 非洲　　　　Fēizhōu　　　　Africa
4. 田　　　　　Tián　　　　　surname

本课新字 New Characters

饿　咖　啡　联　颜　蓝　球　银　换
兑　数　率　币

听力 Listening

一 听力理解 Listening comprehension

（一）听下面的句子并选择正确答案

Listen to the following sentences and then choose the right answers

1. A. 常常看　　　　B. 不常看　　　　C. 不看
2. A. 生活怎么样　　B. 学习怎么样　　C. 朋友怎么样
3. A. 三张　　　　　B. 四张　　　　　C. 七张
4. A. 找人　　　　　B. 吃饭　　　　　C. 买东西
5. A. 坐公共汽车　　B. 坐出租车　　　C. 骑自行车
6. A. 我　　　　　　B. 他　　　　　　C. 他爸爸
7. A. 筷子　　　　　B. 书　　　　　　C. 香水
8. A. 谢谢　　　　　B. 不客气　　　　C. 我身体很好

9. A. 很大　　　　　　B. 有点儿大　　　　C. 二十
10. A. 很好　　　　　　B. 不太好　　　　　C. 不错

（二）听下面的对话并选择正确答案
Listen to the following conversations and then choose the right answers

1. A. 看电影　　　　B. 玩儿　　　　　　C. 有事
2. A. 英文杂志　　　B. 英文词典　　　　C. 英文杂志和英文词典
3. A. 茶　　　　　　B. 咖啡　　　　　　C. 可乐
4. A. 商店　　　　　B. 公园　　　　　　C. 教室
5. A. 男的　　　　　B. 女的　　　　　　C. 男的和女的一起
6. A. 打电话　　　　B. 上课　　　　　　C. 学习
7. A. 怎么去女的家　B. 怎么给女的打电话　C. 怎么找女的
8. A. 13号　　　　　B. 14号　　　　　　C. 15号
9. A. 男的　　　　　B. 女的　　　　　　C. 女的妈妈
10. A. 食堂　　　　　B. 饭店　　　　　　C. 宿舍

（三）听下面的短文并做练习
Do the exercises after listening to the passages

1. 听后选择　Choose the right answers after listening

（1）女的的自行车是什么颜色的？（　　）

　　A. 红色的　　　　　B. 黄色的　　　　　C. 蓝色的

（2）女的的自行车多少钱？（　　）

　　A. 六百四十八　　　B. 四百六十八　　　C. 八百四十六

（3）男的觉得女的的自行车贵吗？（　　）

　　A. 不太贵　　　　　B. 有点儿贵　　　　C. 非常贵

2. 听后判断正误　Judge the statements true or false after listening

（1）我们班有十七个国家的同学。　　　　（　　）

（2）我们班的同学都住留学生宿舍楼。（　　）

第十五课 复习（三）

（3）有的同学住五楼。　　　　　（　）
（4）我不常去同学的房间。　　　（　）
（5）我的同学常来我的房间。　　（　）
（6）我常常和我的同学一起玩儿。（　）

二 语音语调 Pronunciation and intonation

（一）选择你听到的词语　Choose the words you hear

1. A. cónglái   B. chūlai   2. A. zhìxù   B. jìxù
3. A. xīwàng   B. shīwàng   4. A. rénmín   B. rénmíng
5. A. jiějué   B. jùjué   6. A. shēnghuó B. shēnghuán
7. A. bùxíng   B. búxìng   8. A. shíjiān   B. shíjiàn
9. A. zuòwéi   B. zuòwén   10. A. xīnxīng B. xīnxíng

（二）选择你听到的句子　Choose the sentences you hear

1. A. Zhè jiàn shì nǐ bù néng tuīcí.
   B. Zhè jiàn shì nǐ bù néng tuīchí.

2. A. Nà ge lǎowài hěn xǐhuan Zhōngguó de jīngjù.
   B. Nà ge lǎowài hěn xǐhuan Zhōngguó de qīngjù.

3. A. Nǐ de dōngxi shǎo bu liǎo.
   B. Nǐ de dōngxi xiǎo bu liǎo.

4. A. Bàba duì wǒ de yǐngxiǎng hěn dà.
   B. Bàba duì wǒ de yìnxiàng hěn dà.

5. A. Yánjiū bú shì shénme hǎo dōngxi.
   B. Yānjiǔ bú shì shénme hǎo dōngxi.

6. A. Lùdēng liàng de shíhou cái kěyǐ tōngxíng.
   B. Lǜdēng liàng de shíhou cái kěyǐ tōngxíng.

7. A. Tāmen bù zhīdào zài nǎr.
   B. Dàmén bù zhīdào zài nǎr.

125

8. A. Tā bǎ háizi jǐnjǐn lǒu zài huái lǐ.
   B. Tā bǎ háizi jǐnjǐn lǒng zài huái lǐ.

（三）听后标出画线词语的声调

Mark the tones of the underlined phrases after listening

1. Nǐ jīnnián <u>duo da</u>?
2. Nǐ zuìjìn xuéxí <u>zenmeyang</u>?
3. <u>Youde</u> tóngxué hěn xǐhuan chī Zhōngguócài.
4. Wǒ zài Zhōngguó <u>shenghuo</u> hěn hǎo.
5. Hànyǔ hěn nán, yě hěn <u>you yisi</u>.
6. Wǒmen yìqǐ qù gōngyuán <u>wanr</u>, hǎo ma?
7. Gōngyuán lǐ fēngjǐng hěn <u>piaoliang</u>.
8. Wǒ dōu shì qù yī lóu de wǎngbā <u>shang wang</u>.
9. Wǒ zhōumò zǒngshì <u>shui jiao</u>.
10. Wǒ <u>jingchang</u> qǐng tā bāng wǒ mǎi zǎofàn.
11. <u>Gongsi</u> pài tā qù Měiguó gōngzuò.
12. Tā chángcháng hé <u>waiguoren</u> yòng Yīngyǔ <u>liao tian</u>.

（四）听后画出句子的重音

Mark the stresses of the sentences after listening

1. 我今年十九岁。
2. 妈妈最近身体不太好。
3. 你喝不喝水？
4. 帮我买张报纸，好吗？
5. 我们几点去吃午饭？
6. 我们坐飞机去吧。
7. 老师正在准备明天的课。
8. 我在我的房间举行生日晚会。

（五）听写句子　**Dictation**

1. _____
2. _____
3. _____
4. _____
5. _____
6. _____
7. _____
8. _____

会话　Conversations

一　课文　Text

（一）你在中国怎么样？

丁荣：Wèi, māma, wǒ shì Dīng Róng.
　　　喂，妈妈，我是丁荣。

妈妈：Xiǎoróng, nǐ zài zhōngguó zěnmeyàng?
　　　小荣，你在中国怎么样？

丁荣：Wǒ hěn hǎo, māma, nín hé bàba shēntǐ hǎo ma?
　　　我很好，妈妈，您和爸爸身体好吗？

妈妈：Wǒmen dōu hěn hǎo, Hànyǔ nán bu nán?
　　　我们都很好。汉语难不难？

丁荣：Yǒudiǎnr nán, dànshì méi guānxi, wǒ hěn nǔlì.
有点儿 难，但是 没 关系，我 很 努力。

妈妈：Nǐ shēntǐ zěnmeyàng?
你 身体 怎么样？

丁荣：Hěn hǎo. Wǒ jīngcháng duànliàn shēntǐ, shítáng lǐ chī de
很 好。我 经常 锻炼 身体，食堂 里 吃 的

dōngxi yě búcuò.
东西 也 不错。

妈妈：Hǎo, duō chī yìdiǎnr, cháng gēn jiā lǐ liánxi.
好，多 吃 一点儿，常 跟 家 里 联系。

丁荣：Wǒ zhīdào, wǒ huì chángcháng gěi nǐmen dǎ diànhuà de.
我 知道，我 会 常常 给 你们 打 电话 的。

Māma, zàijiàn!
妈妈，再见！

妈妈：Zàijiàn!
再见！

（二）在银行换钱

（丁荣在银行换钱）

丁荣：Xiǎojie, nǐ hǎo, wǒ huàn qián.
小姐，你好，我 换 钱。

职员：Nín huàn shénme qián?
您 换 什么 钱？

丁荣：Wǒ yǒu měiyuán, huàn rénmínbì.
我 有 美元，换 人民币。

	Hǎo, nín huàn duōshao?
职员:	好，您 换 多少？

	Huàn bābǎi wǔshí měiyuán.
丁荣:	换 八百 五十 美元。

	Jīntiān měiyuán hé rénmínbì de duìhuànlǜ shì yī bǐ liù diǎn jiǔ jiǔ.
职员:	今天 美元 和人民币 的 兑换率 是 1:6.99。

	Hǎo, gěi nǐ měiyuán.
丁荣:	好，给你 美元。

	Gěi nín rénmínbì, yígòng wǔqiān jiǔbǎi sìshíyī yuán. Nín shǔ yíxià.
职员:	给 您人民币，一共 五千 九百 四十一 元。您 数 一下。

	Hǎo, xièxie.
丁荣:	好，谢谢。

	Bùyòng xiè.
职员:	不用 谢。

二 练习 Exercises

（一）读下面的句子，注意区别

Read the following sentences and pay attention to their differences

1. Wǒ dìdi jīnnián shíyī suì.　　Wǒ dìdi jīnnián shíqī suì.
2. Wǒ kànwán le.　　Wǒ gànwán le.
3. Tiān shang yǒu hěn duō xīng.　　Qiáng shang yǒu hěn duō dīng.
4. Zài jiàqī yě méi xiūxi.　　Zài jiā lǐ yě méi xuéxí.
5. Tā shì zhèr de zhǔrén.　　Tā shì zhèr de zhǔrèn.
6. Wǒ qù shūdiàn mǎi cídiǎn.　　Wǒ qù shāngdiàn mǎi sīxiàn.

7. Lǎoshī jiāo wǒ zuò zuòyè.　　　Lǎoshī jiāo wǒ zuò zhǐxié.

8. Nǐ shìshi kàn ba.　　　　　　　Nǐ chīchi kàn ba.

（二）读下面的句子并标出重音和语调的升降

Read the following sentences and mark the stresses and intonation

1. 汉语难不难？
2. 你要红的还是要黄的？
3. 我给售货员一百块钱。
4. 你在中国怎么样？
5. 我们的老师很关心我们。
6. 家里的人都很好。
7. 有时候忙，有时候不忙。
8. 以后常跟家里联系。

（三）扩展练习　　**Extending exercises**

例：忙 → 很忙 → 工作很忙 → 有时候工作很忙 → 我有时候工作很忙

努力→

一点儿→

锻炼→

关心→

一共→

正在→

大概→

有点儿→

（四）用下面的词语各说一句话

Make up a sentence orally with each of the following words

| 毕业 | 当 | 下 | 高 | 陪 |
| 打算 | 跟 | 还 | 有的 | 出去 |

（五）找出 A、B 中相关的上下句并用线连起来

Match the sentences in column A with the concerned one in column B

A	B
这个孩子今年几岁？	有点儿忙。
你吃苹果还是西瓜？	用英语。
你在做什么？	一个本子。
我们一起练习口语，好吗？	都可以。
你最近怎么样？	可以。
你怎么跟中国人聊天？	两岁。
我试试，可以吗？	好的。
他给你什么？	我在做饭。

（六）完成对话   Complete the dialogues

1. A：_____？
   B：我就是，你是哪位？
   A：老师，您好，我是丁荣。
   B：丁荣，你好，你最近怎么样？
   A：_____，_____？
   B：我也很忙，最近学校的事情很多。
   A：老师，您有空儿的时候，我去找您，可以吗？
   B：_____，_____？
   A：没有事，和您聊聊天。
   B：_____。

2. A：_____？
   B：八点上课。
   A：_____？
   B：六点半或七点。
   A：_____？
   B：我骑自行车去学校。
   A：_____？
   B：我七点五十到教室。

（七）情景会话　Situational conversations

1. 两位朋友互相询问最近的情况。
   Two friends are asking each other how they are getting on recently.

2. 打电话给你的朋友，相约去看电影。
   Make a phone call to one of you friends to make an appointment with him to go to the cinema.

3. 说一说你的朋友或你的同学。
   Talk about your friends or your classmates.

4. 说一说你来中国以前的生活。
   Talk about your life before you came to China.

（八）读一读下面的绕口令，比比谁读得准、读得快

Read the following tongue-twister to see who can read quickest and best

Lǎo Ráo xià bān qù rǎn bù, rǎnchū bù lái zuò miánrù.
老 饶 下 班 去 染 布， 染出 布 来 做 棉褥。
Lóukǒur yǒurén lánzhù lù, zhǐ xǔ chūlai bù xǔ rù. Rúruò jízhe
楼口儿 有人 拦住 路，只 许 出来 不 许 入。如若 急着
zuò miánrù, míngrì shàngwǔ lái sòng bù. Líkāi rǎn diàn qù mǎi
做 棉褥，明日 上午 来 送 布。离开 染 店 去 买
ròu, huí jiā rè guō dùn dòufu.
肉， 回家 热 锅 炖 豆腐。

Lao Rao went to dye the cloth after the work, the dyed cloth would be made into a cotton-padded mattress. He was stopped at the stairs, people can only leave but not enter. If one wanted urgently to make a cotton-padded mattress, the cloth must be sent tomorrow morning. He left the dyeing shop for buying some pork, he would heat the pot and braise the pork with beancurd.

第十六课 你辅导他汉语，怎么样？
Lesson 16 Be his Chinese tutor, OK?

生词 New Words

听力部分 Listening Part

1.	纸	n.	zhǐ	paper	甲
2.	分钟	n.	fēnzhōng	minute	甲
3.	火车	n.	huǒchē	train	甲
4.	筷子	n.	kuàizi	chopsticks	乙
5.	勺子	n.	sháozi	ladle, scoop, spoon	乙
6.	以前	n.	yǐqián	before	甲
7.	台	m.(n.)	tái	measure word for engines, performances, etc	乙
8.	试	v.	shì	try	甲
9.	饭馆儿	n.	fànguǎnr	restaurant	丙
10.	面条儿	n.	miàntiáor	noodle	甲

会话部分 Conversation Part

1.	辅导	v., n.	fǔdǎo	tutor	甲
2.	手机	n.	shǒujī	mobile phone	甲
3.	一般	adj., adv.	yìbān	general; generally	甲
4.	作业	n.	zuòyè	homework, assignment	甲
5.	所以	conj.	suǒyǐ	so, therefore, as a result	甲

专名 Proper Nouns

| 张兰 | Zhāng Lán | name of a person |

本课新字 New Characters

分 火 台 试 辅 导 手 般 筷 勺

听力 Listening

一 听力理解 Listening comprehension

（一）听下面的句子并选择正确答案

Listen to the following sentences and then choose the right answers

1. A. 复习旧课　　　B. 预习新课　　　C. 锻炼身体
2. A. 网吧　　　　　B. 图书馆　　　　C. 网吧或者图书馆
3. A. 用电脑　　　　B. 用笔　　　　　C. 用纸
4. A. 1011　　　　　B. 1101　　　　　C. 1110
5. A. 英文电影　　　B. 中文电影　　　C. 中文电视
6. A. 锻炼　　　　　B. 不锻炼　　　　C. 不一定
7. A. 七点五十五分　B. 八点零五分　　C. 八点十分
8. A. 中国菜很好吃　B. 中国菜不太贵　C. 我也喜欢吃中国菜
9. A. 4个小时10分钟　B. 4个小时　　　C. 3个小时50分钟
10. A. 王医生是谁　　B. 王医生在哪儿　C. 王医生在做什么

（二）听下面的对话并选择正确答案

Listen to the following conversations and then choose the right answers

1. A. 看新闻　　　　B. 发 E-mail　　　C. 看电视

2. A. 七点五十　　　B. 八点　　　　　C. 八点十分

3. A. 十一点四十　　B. 十一点十分　　C. 十二点十分

4. A. 筷子　　　　　B. 勺子　　　　　C. 筷子和勺子

5. A. 玩儿　　　　　B. 休息　　　　　C. 学习

6. A. 张兰在家　　　B. 张兰不在家　　C. 女的不认识张兰

7. A. 男的找张老师　B. 女的在112办公室　C. 张老师不在办公室

8. A. 83106245　　　B. 83706245　　　C. 83709245

9. A. 学习　　　　　B. 休息　　　　　C. 玩儿

10. A. 学电脑　　　　B. 用电脑　　　　C. 买电脑

（三）听后填空　Fill in the blanks after listening

1. 我下课以后_____课文，_____生词。

2. 宿舍没有_____，我在网吧上网。

3. 我_____都是十一点_____。

4. 我_____请他_____我买早饭。

5. 他_____九点钟又_____学习汉语。

6. 我去_____锻炼身体，有时候_____，有时候打球。

（四）听后判断　Judge the statements true or false after listening

1.

（1）现在十二点十分。　　　　　　　　　（　　）

（2）女的现在不想吃饭。　　　　　　　　（　　）

（3）男的和女的下午一点半上课。　　　　（　　）

（4）他们打算去饭店吃饭。　　　　　　　（　　）

（5）他们打算去吃面条。　　　　　　　　（　　）

2.

（1）王明住宿舍楼214房间。　　　　　　　　　　　　（　　）

（2）王明有课的时候七点起床，没课的时候起床比较晚。（　　）

（3）王明每天上午都有课。　　　　　　　　　　　　　（　　）

（4）王明有的时候下午也有课。　　　　　（　　）

（5）王明下午没课的时候常常在宿舍。　　（　　）

（6）王明晚上有时候上网，有时候做作业。（　　）

二 语音语调 Pronunciation and intonation

（一）听后填出声母　Write out the initials after listening

___ào ___á　　___uǒ___iē　　___iú___ǎi　　___áo___èi

___iàn___ǎo　　___ài___ǐng　　___è___iǎn　　___óng___ián

___iě ___ù　　___üè___ài　　___ián___ǔ　　___èi___uàn

___ǎn___uò　　___éi___óng　　___iǎng___án　　___ín___ìng

___ī ___ù　　___ē___uáng　　___uì___ōu　　___óng___ěn

___èng___áng　　___ì___ǎo　　___uī___èn　　___á___ōng

（二）听后填出韵母　Write out the finals after listening

y___ b___　　y___ x___　　y___ y___　　d___ y___

x___ x___　　p___ y___　　x___ x___　　x___ y___

x___ j___　　j___ j___　　p___ t___　　m___ x___

b___ j___　　l___ x___　　x___ y___　　q___ x___

（三）听后填出声调　Write out the tones after listening

meifei sewu　　　　　hefeng xiyu　　　　　xinman yizu

yanhua liaoluan　　　xuhuai ruogu　　　　wenguo shifei

zhenzhi zhuojian　　jiaorou zaozuo　　　woxin changdan

wangyang xingtan　　jisi guangyi　　　　antu suoji

liwan kuanglan　　　jinjin jijiao　　　　hujia huwei

第十六课　你辅导他汉语，怎么样？

（四）听后填出你听到的音节　Write out the syllables you hear

1. Wǒ xià kè yǐhòu_____kèwén，_____shēngcí.

2. Wǒ_____xǐhuan_____，yě xǐhuan dǎ qiú.

3. Wǒ_____liù diǎn bàn qǐ chuáng，_____qù jiàoshì shàng kè.

4. Méiyǒu kè de_____，wǒ xǐhuan_____yīnyuè，shàngshang wǎng.

5. Wǒ_____chángcháng_____.

6. Wǒ wǎnshang_____jiǔ diǎn cái_____zuò zuòyè.

（五）听后选择你听到的词语　Choose the right words you hear

1. A. shēncái　　B. shéncǎi　　　2. A. jiàoshī　　B. jiàoshì

3. A. yǔyán　　　B. yùyán　　　　4. A. chūfā　　　B. chǔfá

5. A. fēngshèng　B. fēngshēng　　6. A. Shìshí　　B. Shíshì

7. A. bānfā　　　B. bànfǎ　　　　8. A. Chéngshí　B. Chéngshì

9. A. Nǔlì　　　　B. Núlì　　　　10. A. yǒngyuǎn　B. yǒngyǎn

会话　Conversations

一　课文　Text

（一）你辅导我汉语，好吗？

王明：Bōwěi, nǐ hǎo. Zuìjìn zěnmeyàng?
　　　波伟，你好。最近　怎么样？

137

波伟: Bú tài hǎo, Hànyǔ bǐjiào nán. Nǐ fǔdǎo wǒ Hànyǔ,
不太好，汉语比较难。你辅导我汉语，

hǎo ma?
好吗？

王明: Hǎo a. Wǒ de Yīngyǔ yě bú tài hǎo, nǐ fǔdǎo wǒ
好啊。我的英语也不太好，你辅导我

Yīngyǔ ba.
英语吧。

波伟: Hǎo, wǒmen hùxiāng xuéxí.
好，我们互相学习。

王明: Bōwěi, nǐ de diànhuà hàomǎ shì duōshao?
波伟，你的电话号码是多少？

波伟: Bā sān sì jiǔ qī yāo bā wǔ, wǒ zhù liúxuéshēng lóu bā yāo èr
8 3 4 9 7 1 8 5，我住留学生楼 8 1 2

fángjiān.
房间。

王明: Wǒ de shǒujī hàomǎ shì yāo sān èr wǔ qī jiǔ liù liù líng sì wǔ.
我的手机号码是 1 3 2 5 7 9 6 6 0 4 5。

Nǐ gěi wǒ nǐ de E-mail ba.
你给我你的 E-mail 吧。

波伟: Hǎo.
好。

王明: Wǒmen yǐhòu zài wǎng shang liáo tiān.
我们以后在网上聊天。

波伟: Méi wèntí.
没问题。

(二) 你平常几点起床？

波伟：Nǐ píngcháng jǐ diǎn qǐ chuáng?
你 平常 几 点 起 床？

王明：Yǒu kè de shíhou liù diǎn duō qǐ chuáng, nǐ ne?
有 课 的 时候 六 点 多 起 床，你 呢？

波伟：Wǒ měi tiān shàngwǔ dōu yǒu kè, dōu shì qī diǎn duō qǐ chuáng.
我 每 天 上午 都 有 课，都 是 七 点 多 起 床。

王明：Zhōumò jǐ diǎn qǐ chuáng?
周末 几 点 起 床？

波伟：Shíyī diǎn duō qǐ chuáng, chángcháng bù chī zǎofàn.
十一 点 多 起 床， 常常 不 吃 早饭。

王明：Nǐ zhōumò wǎnshang shénme shíhou shuì jiào?
你 周末 晚上 什么 时候 睡 觉？

波伟：Yībān shí'èr diǎn yǐhòu, yǒu shíhou yī diǎn huòzhě liǎng diǎn shuì jiào.
一般 十二 点 以后，有 时候 一 点 或者 两 点 睡 觉。

王明：Nǐ wǎnshang zuò shénme?
你 晚上 做 什么？

波伟：Wǒ wǎnshang xǐhuan kànkan diànshì huòzhě gēn péngyou liáoliao tiān, zài kànkan shū, zuòzuo zuòyè.
我 晚上 喜欢 看看 电视 或者 跟 朋友 聊聊 天，再 看看 书，做做 作业。

王明：Nǐ wǎnshang shuì jiào de shíjiān cháng ma?
你 晚上 睡 觉的时间 长 吗？

波伟：Bú tài cháng, dànshì wǒ měi tiān zhōngwǔ shuì wǔjiào,
不 太 长， 但是 我 每 天 中午 睡 午觉，

dàgài cóng yī diǎn dào liǎng diǎn bàn.
大概 从 一 点 到 两 点 半。

王明：Shuì wǔjiào hǎo, wǒ yě shuì wǔjiào.
睡 午觉 好，我 也 睡 午觉。

波伟：Suǒyǐ wǎnshang shuì jiào wǎn méi guānxi.
所以 晚上 睡觉 晚 没 关系。

二 注释 Notes

你周末什么时候睡觉 What time do you go to bed at the weekend

"什么时候"用来询问时间，在什么时间做什么事情。如：

The phrase 什么时候 is used to inquire time. At what time one does something. For example：

(1) 你们什么时候有汉语课？

(2) 爸爸什么时候上班？

(3) 你什么时候回国？

三 语音语调 Pronunciation and intonation

(一) 句重音 (5) Sentence stress (5)

用"呢"的省略问句，"呢"前的音节要重读，句尾读降调。如：

In an ellipsis question with 呢, the syllable before 呢 is stressed, and the end is read with a falling intonation. For example：

我回宿舍，你呢？↓

（二）句重音（6） Sentence stress (6)

"几"在问句中要重读。如：

The word 几 must be stressed in the sentence. For example:

(1) 你几点起床？
(2) 你有几位老师？

四 练习 Exercises

（一）读下面的词语，注意区别

Read the following words and pay attention to their differences

{ jièshào / jiēshòu }　　{ xuéxí / xiūxi }　　{ Hànyǔ / Hányǔ }　　{ hùxiāng / gùxiǎng }

{ wǎngshang / wǎnshang }　　{ shuìjiào / shuǐjiǎo }　　{ dàgài / dàhǎi }　　{ xǐhuan / xíguàn }

（二）认读汉字并写出拼音

Learn and read the following characters and give *pinyin* to each of them

复（　）　预（　）　练（　）　脑（　）　网（　）

闻（　）　球（　）　跑（　）　懒（　）　床（　）

刻（　）　经（　）　概（　）　始（　）　操（　）

场（　）　钟（　）　又（　）

（三）读下面的句子并标出重音和语调

Read the following sentences and mark their stresses and intonation

1. 你辅导他汉语，怎么样？
2. 你们互相学习吧。

3. 你的电话号码是多少？

4. 我住留学生楼812房间。

5. 你平常几点起床？

6. 我晚上喜欢看看电视或者跟朋友聊聊天儿。

7. 我们在网上聊天儿。

8. 你周末什么时候睡觉？

（四）扩展练习　Extending exercises

例：介绍 → 介绍一下 → 给你介绍一下 → 我给你介绍一下 → 我给你介绍一下王校长

辅导→

手机→

聊天→

起床→

网→

音乐→

发→

预习→

（五）用下面的词语各说一句话

Make up a sentence orally with each of the following words

刻　大概　几　平常　一般　开始　或者　差

（六）根据括号中的词语完成会话

Complete the conversations with the words in the brackets

1. A：你周末做什么？

　 B：_____，（一般）_____？

　 A：我常常在宿舍休息。

B：_____？

A：我在宿舍里复习汉语课，或者看电视、睡觉。

B：_____？（还，别的）

A：有时候也自己做饭。

B：_____？（怎么样）

A：非常好吃。

B：_____？（下星期）

A：当然可以。

2. A：_____？

　B：五点半。_____？

　A：七点开始。

　B：我们走吧。

　A：_____？

　B：还有时间，我们坐公共汽车去吧。

　A：电影几点结束（jiéshù, finish）？

　B：_____。（大概）

　A：_____，好吗？（回来，打的）

　B：好的。

（七）情景会话 Situational conversations

1. 跟你的朋友练习口语，互相问一问每天的时间安排。
   Practise spoken Chinese with your friends and ask each other your everyday arrangement.

2. 说一说你在你们国家的时候每天怎么过。
   Talk about what you did every day when you were in your own country.

（八）读一读下面的古诗，注意语气和感情
Read the following poem and pay attention to the mood and emotion

Cǎo
草

(Táng) Bái Jūyì
（唐）白居易

Lílí yuán shàng cǎo,
离离 原 上 草,

Yí suì yì kū róng.
一 岁 一 枯 荣。

Yěhuǒ shāo bú jìn,
野火 烧 不 尽,

Chūnfēng chuī yòu shēng.
春风 吹 又 生。

Grasses

（Tang） Bai Juyi

Boundless grasses over the plain,

Come and go with every season.

Wildfire never quite consumes them,

They will revive in the spring wind.

第十七课　我们国家离中国很远

Lesson 17　Our country is far away from China

生词 New Words

听力部分　Listening Part

1. 杯子	n.	bēizi	cup	甲
2. 层	m.(n.)	céng	for layers	甲
3. 饺子	n.	jiǎozi	dumpling	甲
4. 好看	adj.	hǎokàn	good-looking	甲
5. 地方	n.	dìfang	place	甲
6. 书架	n.	shūjià	bookshelf	乙
7. 数学	n.	shùxué	mathematics	甲
8. 化学	n.	huàxué	chemistry	甲

会话部分　Conversation Part

1. 带	v.	dài	take, bring, carry with oneself	甲
2. 客厅	n.	kètīng	sitting room, drawing room	丙
3. 墙	n.	qiáng	wall	甲
4. 近	adj., v.	jìn	near, close	甲
5. 先	adv.	xiān	first	甲

6. 然后	conj.	ránhòu	after, then (afterwards)	甲
7. 方便	adj.	fāngbiàn	convenient	甲
8. 想	v.	xiǎng	miss, think	甲

▶ 专名　Proper Nouns

| 1. 汪 | Wāng | surname |
| 2. 沙可 | Shākě | name of a person |

本课新字 New Characters

杯　层　然　饺　方　化　架　带　厅
墙　想

听力　Listening

一 听力理解 Listening comprehension

（一）听下面的句子并选择正确答案

Listen to the following sentences and then choose the right answers

1. A. 五角钱　　　B. 两块四　　　C. 三块八
2. A. 操场的东边儿　B. 食堂的东边儿　C. 操场的西边儿
3. A. 水果店　　　B. 阅览室　　　C. 教室
4. A. 宿舍　　　　B. 商店　　　　C. 教室

第十七课　我们国家离中国很远

5. A. 他在等公共汽车
   B. 他在问公共汽车站在哪儿
   C. 出租车站离公共汽车站50米

6. A. 学校里边儿的邮局比较大
   B. 学校对面的邮局人比较多
   C. 我经常去学校对面的邮局

7. A. 贵但是好吃　　B. 又贵又不好吃　　C. 便宜但是不好吃
8. A. 一百米　　　　B. 四五百米　　　　C. 九百米
9. A. 一楼　　　　　B. 二楼　　　　　　C. 三楼
10. A. 上午九点　　　B. 中午十二点一刻　C. 下午一点半

（二）听下面的对话并选择正确答案
Listen to the following conversations and then choose the right answers

1. A. 留学生楼下边儿　　B. 宿舍楼下边儿　　C. 留学生楼上边儿

2. A. 学校里边儿的水果店
   B. 学校外边儿的超市
   C. 学校里边儿的超市

3. A. 黄老师楼上　　　　B. 黄老师楼下　　　C. 黄老师对面

4. A. 女的不喜欢人多的地方
   B. 女的喜欢吃面条儿
   C. 吃饺子的人不多

5. A. 不太好看但是便宜　B. 又好看又便宜　　C. 不贵也不便宜
6. A. 83695700　　　　　B. 86395700　　　　C. 86395100

7. A. 数学楼和图书馆的中间
   B. 图书馆和化学楼的中间
   C. 图书馆的后边儿

8. A. 银行　　　　　　　B. 医院　　　　　　C. 白色的楼
9. A. 今天　　　　　　　B. 明天　　　　　　C. 后天

10. A. 在第二个红绿灯那儿往左拐

　　B. 在第二个红绿灯那儿往右拐

　　C. 在第一个红绿灯那儿往左拐

（三）听后填空　Fill in the blanks after listening

1. 一直_____走，到第二个红绿灯那儿_____。
2. 食堂_____留学生宿舍的_____。
3. 下课后我_____去体育馆锻炼身体。
4. 这件衣服又_____又_____。
5. 阅览室_____宿舍_____三四百米。

（四）听后做练习　Do the exercises after listening

1. 听后判断　Judge true or false after listening

　（1）女的知道男的书在哪儿。　（　　）

　（2）男的的书不在书架上。　　（　　）

2. 听后选择　Choose the right answers after listening

　（1）A. 下课后　　　B. 星期天　　　C. 明天

　（2）A. 教师宿舍2号楼504

　　　B. 学生宿舍1号楼404

　　　C. 教师宿舍2号楼405

二 语音语调 Pronunciation and intonation

（一）选择你听到的词语　Choose the words you hear

1. A. miǎndiǎn　　B. miǎntiǎn　　2. A. jìnkuàng　　B. jìngkuàng
3. A. juésài　　　B. juésuàn　　　4. A. bànyuè　　　B. bànyè
5. A. fānkāi　　　B. fēnkāi　　　　6. A. xiàole　　　B. xiùle
7. A. yǒuquán　　B. yǒuqián　　　8. A. yángqún　　B. yángqín
9. A. xīnlǐ　　　　B. xínglǐ　　　　10. A. qīnbǐ　　　　B. xīnmǐ

（二）选择你听到的句子　Choose the sentences you hear

1. A. Zhè shì yí ge quézi.
   B. Zhè shì yí ge qiézi.

2. A. Zhè ge dìfang hěn jìn.
   B. Zhè ge dìfang hěn jìng.

3. A. Wǒ de běnzi zài nàr.
   B. Wǒ de bǎnzi zài nàr.

4. A. Wǒmen zǒu nǎ tiáo lù?
   B. Wǒmen zǒu nà tiáo lù.

5. A. Tā de yǎnjing bú tài hǎo.
   B. Tā de yǎnjìng bú tài hǎo.

6. A. Tā méiyǒu cā shǒu.
   B. Tā méiyǒu chā shǒu.

7. A. Wǒ qù guān chuāng.
   B. Wǒ qù guāngguāng.

8. A. Wǒ méiyǒu nàme duō máobǐ.
   B. Wǒ méiyǒu nàme duō mǎpǐ.

9. A. Wǒ de bóbo shì yí ge jīnglǐ.
   B. Wǒ de pópo shì yí ge jīnglǐ.

10. A. Tā jīngcháng hé wǒ zài wǎng shang liáo tiānr.
    B. Tā jīngcháng hé wǒ zài wǎnshang liáo tiānr.

（三）听后标出画线词语的声调

Mark the tones of the underlined phrases after listening

1. Nǐ zhīdao wǎngbā <u>zai nar</u> ma?
2. Shítáng zài cāochǎng <u>dongbianr</u>.
3. <u>Yizhi</u> zǒu, búyào guǎi wānr.
4. <u>Cong</u> sùshè <u>dao</u> jiàoshì hěn yuǎn.
5. Nánjīng <u>li</u> Shànghǎi bú tài jìn.
6. Xuéxiào <u>fujin</u> yǒu ge xiǎo shūdiàn.

7. Sùshè zài shítáng hé tushuguan zhōngjiān.

8. Xuéxiào dào wǒ jiā dagai yǒu sì-wǔ bǎi mǐ.

9. Wǒ méiyǒu shijian cānjiā shijian.

10. Jiaoshi li yǒu hěn duō jiaoshi.

（四）听后画出句子的重音

Mark the stresses of the sentences after listening

1. 学校就在马路的左边儿。

2. 从宿舍到食堂只要五分钟。

3. 中国离泰国不太远。

4. 邮局的旁边有一家银行。

5. 车站在银行和医院的中间。

6. 阅览室北边儿就是操场。

会话 Conversations

一 课文 Text

（一）这是我的家

王明： Dīng Róng, nǐ hǎo, qǐng jìn.
丁荣，你好，请进。

丁荣： A, nǐ de jiā yòu dà yòu piàoliang. Nǐ dài wǒ kànkan ba.
啊，你的家又大又漂亮。你带我看看吧。

王明： Hǎo de. Zhōngjiān de zhè ge dà fángjiān shì kètīng. Wǒmen
好的。中间的这个大房间是客厅。我们

chángcháng zài zhèr liáo tiān, kàn diànshì.
常常在这儿聊天，看电视。

第十七课　我们国家离中国很远

丁荣：Nà ge fángjiān ne? Kètīng zuǒbiān de nà ge, shì nǐ de fángjiān ma?
那个房间呢？客厅左边的那个，是你的房间吗？

王明：Bú shì, nà shì wǒ gēge de.
不是，那是我哥哥的。

丁荣：Nǐ de fángjiān zài nǎr? Yòubian de nà ge shì ma?
你的房间在哪儿？右边的那个是吗？

王明：Bú shì, nà shì bàba māmā de fángjiān.
不是，那是爸爸妈妈的房间。

丁荣：Nǐ de fángjiān ne?
你的房间呢？

王明：Wǒ de fángjiān zài zhèr. Qǐng jìn.
我的房间在这儿。请进。

丁荣：Qiáng shang de huàr hěn piàoliang.
墙上的画儿很漂亮。

王明：Nà shì wǒ gēge huà de, tā hěn xǐhuan huà huàr.
那是我哥哥画的，他很喜欢画画儿。

丁荣：Zhuōzi shang shì nǐ de zhàopiàn ma?
桌子上是你的照片吗？

王明：Zhè shì wǒ xiǎo shíhou de zhàopiàn. Zhōngjiān shì wǒ, zuǒbian shì gēge, yòubian shì wǒ de hǎo péngyou.
这是我小时候的照片。中间是我，左边是哥哥，右边是我的好朋友。

丁荣：Nǐ xiǎo shíhou hěn kě'ài.
你小时候很可爱。

(二)我们国家离中国很远

波伟：Shākě, nǐmen guójiā zài nǎr?
沙可，你们 国家 在 哪儿？

沙可：Jiù zài zhèr, Nánfēi de pángbiān.
就 在 这儿，南非 的 旁边。

波伟：Nǐmen guójiā lí Zhōngguó bú jìn a.
你们 国家 离 中国 不 近 啊。

沙可：Duì, cóng wǒ jiā dào Nánjīng yào liǎng tiān ne.
对，从 我 家 到 南京 要 两 天 呢。

波伟：Shì ma?
是 吗？

沙可：Wǒ xiān zuò fēijī dào Shànghǎi, ránhòu zuò huǒchē dào Nánjīng.
我 先 坐 飞机 到 上海，然后 坐 火车 到 南京。

波伟：Wǒmen guójiā lí zhèr hěn jìn, zuò fēijī yào liǎng ge xiǎoshí.
我们 国家 离 这儿 很 近，坐 飞机 要 两 个 小时。

沙可：Nǐmen huí jiā hěn fāngbiàn.
你们 回家 很 方便。

波伟：Nǐ shì bu shì hěn xiǎng jiā?
你 是 不 是 很 想 家？

沙可：Yǒudiǎnr.
有点儿。

二 注释 Notes

（一）常见的公共场所一览表

学校	xuéxiào	school
饭店	fàndiàn	restaurant
医院	yīyuàn	hospital
公园	gōngyuán	park
银行	yínháng	bank
邮局	yóujú	postoffice
网吧	wǎngbā	internet bar
超市	chāoshì	supermarket
电影院	diànyǐngyuàn	cinema
汽车站	qìchēzhàn	bus station
火车站	huǒchēzhàn	railway station
飞机场	fēijīchǎng	airport

（二）从我家到南京要两天　It needs two days from my home to Nanjing

"要"在这个句子里是"需要"的意思。如：

要 in this sentence means "need". For example：

这件衣服要一千多块钱。

三 语音语调 Pronunciation and intonation

句重音（7）　Sentence stress（7）

存在句中，动词"有"、"是"要轻读，重音在处所词上。如：

In the sentence of existence, verb 有 and 是 should be read with a light tone. And the stress is on the locative words. For example：

学校里边儿·有书店。

食堂旁边·是个大操场。

四 练习 Exercises

（一）认读汉字并写出拼音
Learn and read the following characters and give *pinyin* to each of them

左（　） 离（　） 拐（　） 附（　） 近（　）

路（　） 走（　） 往（　） 封（　） 米（　）

南（　） 直（　） 灯（　） 超（　） 邮（　）

局（　） 市（　） 寄（　） 省（　） 址（　）

（二）用正确的语调读下面的句子
Read the following sentences with the correct intonation

1. 教室的旁边有一个厕所。

2. 食堂在办公楼东边儿。

3. 体育馆离留学生楼不太远。

4. 从我宿舍到教室只要五分钟。

5. 北京到上海大概有1000多公里。

6. 宿舍楼里有个小超市。

7. 一直走，往左拐，马路右边儿就是。

8. 我要往前走，你呢？

（三）扩展练习　Extending exercises

例：东边儿 → 在东边儿 → 在操场东边儿 → 就在操场东边儿 → 邮局就在操场东边儿

旁边→

在→

是→

有→

（四）根据括号中的词语完成对话
Complete the dialogues with the words in the brackets

1. A：_____？（哪儿）

   B：我去邮局寄信。你去哪儿？

   A：我去银行，可是我不知道银行在哪儿。

   B：_____。（一直　往　拐）

   A：离这儿远吗？

   B：不远，_____。（大概　三四）

   A：谢谢，我去找找。

2. A：_____？（是）

   B：不是，这是留学生宿舍。

   A：_____？（哪儿）

   B：你往前走一点儿，那儿有一个红绿灯。

   A：_____？（怎么）

   B：在那儿往左拐。

   A：_____？（马路　右边儿）

   B：对，是那个白色的楼。

   A：_____！

   B：不客气。

（五）用下面的词语各说一句话
Make up a sentence orally with each of the following words

拐　　离　　往　　附近　　大概　　一直

（六）情景会话　Situational conversations

1. 请你告诉大家去你的中国朋友家怎么走，并画出示意图。

   Please tell the class how get the home of your Chinese friends and draw a sketch map.

2. 请你介绍一下学校办公楼或宿舍楼的位置和周围的环境。
   Please introduce the location of the office building or your dormitory building and its surroundings as well.

（七）读一读下面的绕口令，比比谁读得准、读得快
Read the following tongue-twister to see who can read quickest and best

Tāng tàng tǎ
汤 烫 塔

Lǎo Táng duān dàntāng, tà dèng dēng bǎotǎ.
老 唐 端 蛋汤，踏 凳 登 宝塔。

Zhǐ yīn dèng tài huá, tāng sǎ tāng tàng tǎ.
只 因 凳 太 滑，汤 洒 汤 烫 塔。

Soup burns tower

Lao Tang carries egg soup,

Ascends the tower by the stool.

Only because of the smooth of the stool,

The soup sprays and scalds the tower.

第十八课　你的爱好是什么？
Lesson 18 What's your hobby?

生词 New Words

听力部分　Listening Part

1.	电影院	n.	diànyǐngyuàn	cinema, movie theater	乙
2.	小说	n.	xiǎoshuō	novel, fiction, story	乙
3.	快	adj., adv.	kuài	fast, quick, rapid	甲
4.	冷	adj.	lěng	cold	甲
5.	借	v.	jiè	borrow, lend, make use of	甲
6.	考试	n., v.	kǎoshì	examination, test, exam	甲
7.	雨	n.	yǔ	rain	甲
8.	为什么		wèi shénme	why, why (or how) is it	甲
9.	穿	v.	chuān	wear, put on, be dressed in	甲
10.	头	n., adj.	tóu	head; chief	甲乙

会话部分　Conversation Part

1.	西餐	n.	xīcān	Western-style food	乙
2.	游泳	v., n.	yóuyǒng	swim	甲
3.	比赛	n., v.	bǐsài	matches, contest	甲
4.	慢	adj.	màn	slow	甲

5. 要求	v.,n.	yāoqiú	ask, demand, require	甲
6. 抄	v.	chāo	copy, transcribe	乙
7. 篇	m.(n.), n.	piān	for articles, chapters	甲
8. 课文	n.	kèwén	text	甲

本课新字 New Characters

冷 借 考 雨 为 穿 头 篇 餐
游 泳 赛 慢 求 抄

一 听力理解 Listening comprehension

（一）听下面的句子并选择正确答案

Listen to the following sentences and then choose the right answers

1. A. 很喜欢中国文化　　B. 中文歌唱得很好　　C. 中国画画得很好

2. A. 西餐　　　　　　　B. 韩国菜　　　　　　C. 中国菜

3. A. 起得早，去教室去得晚
   B. 起得晚，去教室去得早
   C. 起得晚，去教室去得晚

4. A. 李明爱喜欢去电影院看电影
   B. 去电影院里看电影的人不多
   C. 李明爱很少去电影院看电影

5. A. 波伟　　　　　　　B. 丁荣　　　　　　　C. 波伟和丁荣

6. A. 一天可以看一本中文小说
   B. 看英文小说看得很快
   C. 喜欢看中文小说

7. A. 二十五　　　　B. 五十　　　　　　C. 一百
8. A. 晚饭吃得太多　B. 不喜欢吃冷的东西　C. 波伟身体不舒服
9. A. 请人帮他借书　B. 请人帮他买书　　　C. 给人看他的书

10. A. 你自己做，我不能帮你
    B. 我可以帮你这一次
    C. 我可以一直帮你

（二）听下面的对话并选择正确答案

Listen to the following conversations and then choose the right answers

1. A. 星期一　　　　　B. 星期二　　　　　C. 星期三
2. A. 丁荣　　　　　　B. 安德　　　　　　C. 安达
3. A. 学校前面的　　　B. 学校里面的　　　C. 学校后门的

4. A. 语法准备得不好，口语准备得比较好
   B. 语法和口语准备得都很好
   C. 语法准备得很好，口语准备得不好

5. A. 女的的家离这儿很近
   B. 女的喜欢下雨
   C. 雨下得不太大

6. A. 她知道王老师家在哪儿
   B. 小张知道王老师的地址
   C. 小李知道的事很多

7. A. 丁荣不能去　　　B. 丁荣画画儿不错　　C. 丁荣喜欢中国画
8. A. 今天女的开车　　B. 女的开车开得好　　C. 男的开车开得快

9. A. 王老师家的地址
   B. 王老师的电话号码
   C. 王老师办公室的电话

10. A. 看书 　　　　　B. 看电视 　　　　　C. 看电影

（三）听后填空　Fill in the blanks after listening

1. 哥哥的语法学得_____，弟弟的发音学得_____。

2. 波伟一分钟_____写五十个汉字。

3. 丁荣觉得自己的汉语说得_____。

4. 你_____告诉我王老师家的_____吗？

5. 我_____每天都在宿舍学习。

（四）听后做练习　Do the exercises after listening

1. 听后判断　Judge true or false after listening

（1）中国人每家都有一辆自行车。　（　　）

（2）女的是中国人。　（　　）

（3）男的打算教女的骑车。　（　　）

（4）男的最近没有时间。　（　　）

2. 听后选择　Choose the right answers after listening

（1）A. 晚上睡得很晚　　B. 衣服穿得很少　　C. 学习学得很累

（2）A. 安达来宿舍看她
　　　B. 安达告诉她不用参加晚会
　　　C. 安达可以帮她复习

二 语音语调　Pronunciation and intonation

（一）选择你听到的词语　Choose the words you hear

1. A. yìqǐ　　　B. yìqí　　　2. A. xiànzài　　B. qiánzài
3. A. zěnme　　B. zánmen　　4. A. xuéxí　　　B. xuéxǐ
5. A. liànxí　　B. liánxì　　6. A. pùbù　　　B. pòbù
7. A. nǎonù　　B. lǎolù　　　8. A. shìxiān　　B. shíxiàn
9. A. zhīshi　　B. zīshì　　　10. A. pānyán　　B. pānyuán

第十八课 你的爱好是什么？

(二) 选择你听到的句子 Choose the sentences you hear

1. A. Zhè cái shì wǒ de shǒujī.
   B. Zhè cái shì wǒ de shōují.

2. A. Wǒ de biǎodiàn zài nàr.
   B. Wǒ de biǎodài zài nàr.

3. A. Wǒmen dōu guānxīn xuéyè.
   B. Wǒmen dōu guānxīn xuèyè.

4. A. Tāmen dōu xiǎng xiūxi le.
   B. Tāmen dōu xiǎng xuéxí le.

5. A. Tā wǎnshang yídìng huì lái.
   B. Tā wǎnshang yídìng huílai.

6. A. Tāmen méiyǒu zhǔnbèi xiānhuā.
   B. Tāmen méiyǒu zhǔnbèi xiàn huā.

7. A. Bǎo mìng hěn zhòngyào.
   B. Bào míng hěn zhòngyào.

8. A. Tā de zuǒbian yǒu zhī húdié.
   B. Tā de zuǒjiān yǒu zhī húdié.

9. A. Wǒ kànjiàn yì zhī fènghuáng.
   B. Wǒ kànjiàn yì zhī fēngwáng.

10. A. Bù zhīdào nǎ ge jiàoshì shì tāmen de.
    B. Bù zhīdào nǎ ge jiàoshī shì tāmen de.

(三) 听后标出画线词语的声调
Mark the tones of the underlined phrases after listening

1. Xiànzài <u>neng shang ke</u> le ma?
2. Qǐng dàjiā <u>bu yao</u> shuō huà.
3. Zuótiān nǐ <u>zenme mei qu</u> shàng kè?

4. Wǒ xiǎng gen ta xué tàijíquán.

5. Xiànzài keyi bu keyi kàn shū?

6. Tā hěn yuanyi jiāo wǒ shūfǎ.

7. Nǐ xiang bu xiang qù shāngdiàn?

8. Nan yanyuan yǎn de bú tài hǎo.

9. Tā de Fayu yufa jìnbù hěn kuài.

10. Dayi zuò de daiyu hěn hǎochī.

（四）听后画出句子的重音　Mark the stresses of the sentences after listening

1. 你怎么不去他家啊？
2. 他语法学得好，发音学得不太好。
3. 他舞跳得非常好。
4. 你的汉语怎么这么好？
5. 你们想不想去公园散步？
6. 听说王老师英语说得很不错。

会话 Conversations

一 课文 Text

（一）你的爱好是什么？

（口语课上，大家在说自己的爱好）

安　达：Lǐ Míng'ài, dàjiā dōu shuō nǐ xǐhuan zuò fàn, shì ma?
　　　　李明爱，大家 都 说 你 喜欢 做 饭，是 吗？

李明爱：Shì a, wǒ de àihào shì zuò fàn, wǒ huì zuò Hánguócài,
　　　　是 啊，我 的 爱好 是 做 饭，我 会 做 韩国菜，

第十八课　你的爱好是什么？

　　　　　　hái huì zuò Zhōngguócài, xiànzài wǒ zhèngzài gēn Dīng Róng
　　　　　　还 会 做　中国菜，现在 我　正在　跟 丁　荣

　　　　　　xué zuò　xīcān.
　　　　　　学 做　西餐。

　　　　　　Nǐ zuò de zěnmeyàng?　Hǎochī ma?
安　达：你 做 得　怎么样？　好吃　吗？

　　　　　　Xià yí cì qǐng nǐ chángchang.　Nǐ de àihào shì shénme?
李明爱：下 一 次 请 你　尝尝。　你 的 爱好 是　什么？

　　　　　　Wǒ xǐhuan yùndòng.　Zúqiú tī de hěn hǎo, lánqiú dǎ de
安　达：我　喜欢　运动。　足球 踢 得 很　好，篮球 打 得

　　　　　　yě búcuò.
　　　　　　也 不错。

　　　　　　Wǒ yě xǐhuan yùndòng.　Wǒ yóuyǒng yóu de fēicháng kuài.
李明爱：我 也 喜欢　运动。我　游泳　游 得　非常　快。

　　　　　　Shì ma?　Wǒ bú huì yóuyǒng, hěn xiǎng xué, nǐ néng
安　达：是 吗？　我 不 会　游泳，　很　想　学，你 能

　　　　　　bu néng jiāojiao wǒ?
　　　　　　不　能　教教 我？

　　　　　　Kěyǐ.
李明爱：可以。

　　　　　　Nǐ nǎ tiān xiàwǔ yǒu shíjiān?
安　达：你 哪 天 下午 有　时间？

　　　　　　Wǒ měi ge xīngqīyī、sān、wǔ xiàwǔ yǒu shíjiān.
李明爱：我　每 个 星期一、三、五 下午 有 时间。

　　　　　　Hǎo, wǒ qù zhǎo nǐ.　Bōwěi, nǐ yě hé wǒmen yìqǐ
安　达：好，我 去 找 你。波伟，你 也 和 我们　一起

qù yóuyǒng ba.
去 游泳 吧。

波伟：
Wǒ xiàwǔ méiyǒu shíjiān, nǐmen qù ba.
我 下午 没有 时间，你们 去 吧。

李明爱：
Hǎo ba.　Yǒu kòng de shíhou wǒ qǐng nǐmen chángchang
好 吧。 有 空 的 时候 我 请 你们 尝尝

wǒ zuò de cài.
我 做 的 菜。

(二) 你的汉字写得很漂亮

李明爱：
Bōwěi, xià ge xīngqī yǒu ge Hànzì bǐsài, nǐ cānjiā ma?
波伟，下个 星期 有 个 汉字比赛，你 参加 吗？

波伟：
Wǒ bù dǎsuan cānjiā.
我 不 打算 参加。

李明爱：
Wèi shénme?
为 什么？

波伟：
Wǒ xiě Hànzì xiě de hěn màn.
我 写 汉字 写 得 很 慢。

李明爱：
Dànshì nǐ xiě de hěn piàoliang.
但是 你 写 得 很 漂亮。

波伟：
Bǐsài de yāoqiú shì zài bàn ge xiǎoshí lǐ chāo yì piān
比赛的 要求 是 在 半 个 小时 里 抄 一 篇

kèwén. Wǒ xiě de màn. Nǐ xiě de kuài, nǐ kěyǐ cānjiā.
课文。我 写 得 慢。你 写 得 快，你 可以 参加。

李明爱: Dànshì wǒ xiě de bú tài hǎokàn.
但是 我 写 得 不 太 好看。

波 伟: Xiě de bù hǎokàn kěyǐ liànxí liànxí.
写 得 不 好看 可以 练习 练习。

李明爱: Nǐ jiāojiao wǒ zěnme xiě de piàoliang ba.
你 教教 我 怎么 写 得 漂亮 吧。

波 伟: Hǎo a. Wǒmen xiànzài jiù kāishǐ ba.
好 啊。我们 现在 就 开始 吧。

二 语音语调 Pronunciation and intonation

（一）句重音（8） Sentence stress (8)

有能愿动词的正反问句，肯定的部分要重读，否定的部分要轻读，句尾是降调。回答时，能愿动词要重读。如：

When we read the positive and negative sentences with modal verbs, the positive part should be stressed, and the negative part should be read with a light tone. The end of the sentence should read with the falling intonation. When we answer the questions, the modal verbs should read with a stress. For example:

（1）你能不能快点儿？
（2）你会不会开车？

（二）句重音（9） Sentence stress (9)

带状态补语的句子，状态补语要重读。如：

The complement of state should be stressed in the sentences with the complement of state. For example:

（1）他太极拳打得很好。
（2）她汉语说得很不错。

三 练习 Exercises

（一）认读汉字并写出拼音
Learn and read the following characters and give *pinyin* to each of them

会（　）快（　）才（　）困（　）冷（　）
借（　）展（　）览（　）能（　）兴（　）
趣（　）得（　）解（　）游（　）运（　）
划（　）船（　）尝（　）泳（　）感（　）

（二）用正确的语调读下面的句子
Read the following sentences with the correct intonation

1. 我能看看你的书吗？
2. 这儿不能停车。
3. 准备得怎么样？
4. 波伟写汉字写得很慢。
5. 我正在跟丁荣学做西餐。
6. 安达足球踢得很好。
7. 我不会游泳，你能教我吗？
8. 他星期天起得很早。

（三）扩展练习 Extending exercises

例：快 → 很快 → 写得很快 → 写汉字写得很快 → 他写汉字写得很快

晚→

慢→

对→

不错→

（四）根据括号中的词语完成对话

Complete the dialogues with the words in the brackets

1. A：_____？（能　和）

   B：怎么，你生病了？

   A：不是我，是王老师。

   B：_____？（什么）

   A：不知道。

   B：_____？（能　教）

   A：可能不行，别的同学说黄老师下个星期来教我们。

   B：_____。（跟　一起）

2. A：_____？（打算　做）

   B：我打算当一个翻译。

   A：你的汉语学得怎么样？

   B：_____。（觉得　不错）

   A：下个星期有个汉语口语比赛，_____？（可以）

   B：我口语_____。（说　不太好）

   A：_____。（可以　试）

   B：那好吧，我回宿舍后练习练习。

（五）用下面的词语各说一句话

Make up a sentence orally with each of the following words

能　　会　　可以　　得

（六）情景会话　**Situational conversations**

1. 请你和同伴互相询问各自的学习情况。

   Make a dialogue between you and your partner. Ask each other your studies.

2. 请你介绍一下其他同学的兴趣爱好。
   Please introduce the hobby of other students.

(七) 读一读下面的绕口令，比比谁读得准、读得快
Read the following tongue-twister to see who can read quickest and best

Gē kuà guā kuāng guò kuān gōu
哥 挎 瓜 筐 过 宽 沟

Gē kuà guā kuāng guò kuān gōu, gǎnkuài guò gōu kàn guài gǒu.
哥 挎 瓜 筐 过 宽 沟，赶快 过 沟 看 怪 狗。

Guāng kàn guài gǒu guā kuāng kòu, guā gǔn kuāng kōng gē guài gǒu.
光 看 怪 狗 瓜 筐 扣，瓜 滚 筐 空 哥 怪 狗。

Brother carries the basket of gourd to cross the wide ditch

Brother carries the basket of gourd to cross the wide ditch,

Looks at the strange dog in a hurry.

The basket of gourd is upside down only because of looking at the strange dog,

The gourds roll and the basket is empty, brother blames the dog.

第十九课　你想要哪种电脑？

Lesson 19 What kind of computer do you want?

生词 New Words

听力部分　Listening Part

1.	热情	adj.	rèqíng	enthusiastic	甲
2.	交	v.	jiāo	make (friends)	甲
3.	但	conj.	dàn	but, yet	乙
4.	回答	n., v.	huídá	reply, answer	甲
5.	箱子	n.	xiāngzi	box, case	乙
6.	重	adj.	zhòng	heavy	甲
7.	些	m.(n.)	xiē	some, several	甲
8.	酒	n.	jiǔ	wine, liquor	甲
9.	包子	n.	bāozi	steamed stuffed bun	乙
10.	叫	v.	jiào	ask, let	乙
11.	查	v.	chá	check, examine	甲
12.	词	n.	cí	word	甲
13.	眼睛	n.	yǎnjing	eye	甲
14.	病人	n.	bìngrén	patient	乙

会话部分　Conversation Part

1. 笔记本	n.	bǐjìběn	notebook	
2. 轻	adj.	qīng	light	甲
3. 质量	n.	zhìliàng	quality	乙
4. 好听	adj.	hǎotīng	pleasant to hear	乙
5. 放心	v.o.	fàng xīn	set one's heart at rest	乙
6. 愉快	adj.	yúkuài	happy, joyful	甲

本课新字　New Characters

情　交　答　箱　重　些　酒　包　查
词　眼　睛　病　轻　质　量　放　愉

听力　Listening

一　听力理解　Listening comprehension

（一）听下面的句子并选择正确答案

Listen to the following sentences and then choose the right answers

1. A. 波伟　　B. 我　　　C. 别的人
2. A. 我　　　B. 安德　　C. 王明
3. A. 运动　　B. 吃饭　　C. 爱好

4. A. 来学汉语　　　　　B. 去办公室　　　　C. 问老师问题

5. A. 很愿意帮助别人　　B. 喜欢交朋友　　　C. 大家都很喜欢他

6. A. 锻炼身体　　　　　B. 多休息　　　　　C. 不要学习

7. A. 不愿意教我　　　　B. 没时间教我　　　C. 觉得自己打得不好

8. A. 不想去大超市，因为很远

　　B. 不能去大超市，因为没有自行车

　　C. 不愿意骑自行车去大超市，因为很累

9. A. 小商店的衣服不太贵

　　B. 他也去大商场买衣服

　　C. 大商场的衣服很好

10. A. 我不喜欢听音乐

　　B. 安德喜欢做作业的时候听音乐

　　C. 安德听音乐的时候不能做作业

（二）听下面的对话并选择正确答案

Listen to the following conversations and then choose the right answers

1. A. 出去玩儿　　　　　B. 考试　　　　　　C. 复习

2. A. 正在想问题　　　　B. 想回答问题　　　C. 不会回答

3. A. 不太重　　　　　　B. 里边儿有很多衣服　C. 是李明爱的

4. A. 包子　　　　　　　B. 饺子　　　　　　C. 面条

5. A. 也很好　　　　　　B. 常常让学生回答问题　C. 也是男的班的老师

6. A. 不会唱歌　　　　　B. 舞跳得不太好　　C. 爱好运动

7. A. 书店　　　　　　　B. 图书馆　　　　　C. 宿舍

8. A. 老师和学生　　　　B. 医生和病人　　　C. 妈妈和孩子

9. A. 不想去　　　　　　B. 不愿意去　　　　C. 不能去

10. A. 是名牌儿　　　　　B. 不太贵　　　　　C. 很舒服

（三）听后填空　Fill in the blanks after listening

1. 你_____买多少钱的？

2. 同学们都不太_____去商场。

3. 名牌儿都贵_____。

4. 她_____我来你的宿舍。

5. 中国人对我很_____。

（四）听后做练习　Do the exercises after listening

1. 听后判断　Judge true or false after listening

（1）男的和女的正在喝酒。　　　（　）

（2）女的要开车，所以不能喝酒。（　）

（3）女的喝水，男的喝可乐。　　（　）

（4）女的不会喝酒，男的不能喝酒。（　）

2. 听后判断　Judge true or false after listening

（1）我家在超市的上边。　　　　　　　　　　　（　）

（2）那个超市东西很多，所以我常常去那儿买东西。（　）

（3）那个超市有日用品，所以很方便。　　　　　（　）

（4）我常常十二点以后去那个超市买吃的。　　　（　）

二 语音语调 Pronunciation and intonation

（一）选择你听到的词语　Choose the words you hear

1. A. bìjing　　B. běijīng　　2. A. rèqíng　　B. rénqíng

3. A. wěnbù　　B. wěngù　　4. A. fāngbiàn　B. fānbiàn

5. A. shùlín　　B. shùyīn　　6. A. yǎnjing　　B. yǎnjìngr

7. A. shǒuxiàng　B. shǒuchuàng　8. A. hàoxué　B. hǎoxué

9. A. yuànyì　　B. yìyuàn　　10. A. jǐngjué　B. jǐngjù

第十九课　你想要哪种电脑?

（二）选择你听到的句子　Choose the sentences you hear

1. A. Dàjiā juéde hěn yúkuài.
   B. Dàjiā juéde hěn yíhàn.
2. A. Zhè ge diànnǎo de zhìliàng zěnmeyàng?
   B. Zhè ge diànnǎo de zhòngliàng zěnmeyàng?
3. A. Xiǎo Wáng dié de bèizi hěn piàoliang.
   B. Xiǎo Wáng juéde bēizi hěn piàoliang.
4. A. Nǐ zuìhǎo zài shuō yí biàn.
   B. Nǐ zuìhòu zài shuō yí biàn.
5. A. Tā duì yīnyuè hěn yǒu xìngqù.
   B. Tā duì yīnyuè hěn yǒu xīnqíng.
6. A. Méiyǒu rén liǎojiě tā.
   B. Méiyǒu rén lǐjiě tā.
7. A. Āndé hěn xǐhuan yùndòng.
   B. Āndé hěn xǐhuan yídòng.
8. A. Dīng Róng huār huà de búcuò.
   B. Dīng Róng huàr huà de búcuò.
9. A. Nǐ néng jiāo wǒ zuò fàn ma?
   B. Nǐ néng jiāo wǒ zuòfǎ ma?
10. A. Tā huídá de hěn zhǔnquè.
    B. Tā huídá de hěn zhèngquè.

（三）听后标出画线词语的声调

Mark the tones of the underlined phrases after listening

1. Nǐ yuanyi xué Hànyǔ ma?
2. Māma bú ràng háizi yi ge ren chūqu.
3. Jīntiān de tiānqì hǎo de hen.
4. Wǒ yào yiban de páizi jiù xíng.
5. Wǒ yào shàng wǎng chá piān wenzhang.
6. Wǒ xiǎng mǎidiǎnr riyongpin.
7. Dà bufen biànlìdiàn wǎnshang yě kai men.

8. Wǒ méi dài sǎn, zhihao dengzhe yǔ tíng.

9. Tā búdàn congming, erqie piàoliang.

10. Wǒ ting bu dong Zhōngguórén shuō de huà.

(四) 听后画出句子的重音

Mark the stresses of the sentences after listening

1. 我不太愿意去他家。
2. 你能告诉我他家的地址吗?
3. 不要一边看书,一边吃饭。
4. 名牌儿也有便宜的。
5. 你用电脑玩儿游戏还是学习?
6. 爸爸想让我去中国学习。

会话 Conversations

一 课文 Text

(一) 你想要哪种电脑?

(李明爱在商店买电脑)

售货员: Xiǎojie, nín hǎo, nín yào mǎi diànnǎo ba?
小姐, 您好, 您要买 电脑 吧?

李明爱: Shì a, nǎ zhǒng hǎo?
是啊, 哪 种 好?

售货员: Wǒmen zhèr yǒu hěn duō zhǒng diànnǎo, yě bǐjiào
我们 这儿有 很 多 种 电脑, 也 比较

piányi. Nín xiǎng yào nǎ zhǒng?
便宜。 您 想 要 哪 种?

第十九课　你想要哪种电脑？

李明爱：
Wǒ xǐhuan bǐjìběn diànnǎo, bǐjiào fāngbiàn.
我 喜欢 笔记本 电脑，比较 方便。

售货员：
Bǐjìběn diànnǎo zài zhèbian, nín kànkan ba.
笔记本 电脑 在 这边，您 看看 吧。

李明爱：
Zhè tái hēisè de hěn piàoliang, dànshì yǒudiǎnr zhòng.
这 台 黑色的 很 漂亮，但是 有点儿 重。

售货员：
Zhè tái hěn qīng, nín kànkan.
这 台 很 轻，您 看看。

李明爱：
Búcuò, duōshao qián?
不错，多少 钱？

售货员：
Yíwàn wǔqiān bābǎi liùshí yuán.
一万 五千 八百 六十 元。

李明爱：
Yǒudiǎnr guì.
有点儿 贵。

售货员：
Zhè shì míngpáir, míngpáir dōu hěn guì, dànshì zhìliàng
这 是 名牌儿，名牌儿 都 很 贵，但是 质量
hǎo, yě piàoliang.
好，也 漂亮。

李明爱：
Wǒ de qián bù duō, wǒ bù xiǎng yào míngpáir.
我 的 钱 不 多，我 不 想 要 名牌儿。

售货员：
Zhèbianr de diànnǎo bú shì míngpáir, bǐjiào piányi,
这边儿 的 电脑 不 是 名牌儿，比较 便宜，
dàn zhìliàng yě hěn hǎo.
但 质量 也 很 好。

李明爱：
Hǎo, wǒ zài kànkan.
好，我 再 看看。

(二) 你为什么来中国学汉语？

王平：Shākě, nǐ wèi shénme lái Zhōngguó xué Hànyǔ?
沙可，你为什么来中国学汉语？

沙可：Wǒ hěn xǐhuan Hànyǔ. Hànyǔ de fāyīn hěn hǎotīng, Hànzì
我很喜欢汉语。汉语的发音很好听，汉字

yě hěn yǒu yìsi.
也很有意思。

王平：Nǐ Hànyǔ xué de zěnmeyàng?
你汉语学得怎么样？

沙可：Wǒ hěn nǔlì, lǎoshī hé tóngxuémen dōu shuō wǒ xué de
我很努力，老师和同学们都说我学得

búcuò. Nǐ juéde ne?
不错。你觉得呢？

王平：Wǒ yě juéde fēicháng hǎo. Nǐ bàba māma yuànyì ràng nǐ
我也觉得非常好。你爸爸妈妈愿意让你

lái Zhōngguó ma?
来中国吗？

沙可：Tāmen kāishǐ de shíhou bù xiǎng ràng wǒ lái, dànshì wǒ
他们开始的时候不想让我来，但是我

yídìng yào lái.
一定要来。

王平：Bàba māma kěnéng juéde Zhōngguó lí nǐmen guójiā hěn
爸爸妈妈可能觉得中国离你们国家很

	yuǎn, bú fàng xīn nǐ.
	远，不 放 心 你。

沙可：	Duì, dànshì wǒ gàosu tāmen, wǒ de hěn duō tóngxué zài
	对，但是 我 告诉 他们，我 的 很 多 同学 在
	Zhōngguó shēnghuó dōu fēicháng yúkuài.
	中国 生活 都 非常 愉快。

王平：	Zhōngguórén hěn rèqíng, hěn yuànyì gēn wàiguórén jiāo
	中国人 很 热情，很 愿意 跟 外国人 交
	péngyou.
	朋友。

沙可：	Duì, suǒyǐ bàba māma xiànzài hěn fàng xīn.
	对，所以 爸爸 妈妈 现在 很 放 心。

二 语音语调 Pronunciation and intonation

（一）句重音（10） Sentence stress (10)

兼语句中，兼语后的动词重读。如：

In double-function sentences, the verbs after the double-function object should be stressed. For example:

（1）请你吃。

（2）让我去。

若兼语后的动词带宾语，则宾语重读。如：

If double-function sentences take objects, the objects should be stressed. For example:

（1）老师教我们唱中国歌。

（2）你替我买报纸吧。

三 练习 Exercises

（一）认读汉字并写出拼音
Learn and read the following characters and give *pinyin* to each of them

情（　）　交（　）　重（　）　轻（　）　些（　）

答（　）　酒（　）　包（　）　查（　）　词（　）

眼（　）　睛（　）　记（　）　质（　）　量（　）

愉（　）　快（　）　放（　）　让（　）　得（　）

（二）用正确的语调读下面的句子
Read the following sentences with the correct intonation

1. 你想要哪种电脑？
2. 这台黑色的很漂亮，但是有点儿重。
3. 我的钱不多，我不想要名牌儿。
4. 好，我再看看。
5. 你为什么来中国学汉语？
6. 你汉语学得怎么样？
7. 中国人很愿意跟外国人交朋友。
8. 你的爸爸妈妈愿意让你来中国吗？

（三）扩展练习　Extending exercises

例：叫 → 叫我 → 妈妈叫我 → 妈妈叫我去睡觉

让→

交→

重→

查→

得→

(四) 根据括号中的词语完成对话

Complete the dialogues with the words in the brackets

1. A：你周末做什么？

    B：_____。（想）

    A：我们去公园玩儿玩儿吧。

    B：_____。（让　很多）

    A：你今天晚上做作业，我们可以明天出去玩儿。

    B：_____（要　参加），所以今天晚上_____。（不能）

    A：你明天做作业，我们后天去吧。

    B：好吧。

2. A：_____？（怎么）

    B：我走路去学校。

    A：_____？（离）

    B：不远，_____，_____。（大概　得很）

    A：走路也可以锻炼身体。

    B：是啊，_____。（一边……一边……）

(五) 用下面的词语各说一句话

Make up a sentence orally with each of the following words or phrases

想　　要　　愿意　　让　　一边……一边……　　……得很

(六) 情景会话　Situational conversations

1. 你在中国买过东西吗？介绍一次你买东西的经历。
   Did you ever buy something in China? Talk about one of your shopping experiences.

2. 你为什么来中国？说说你来中国以后的感觉。
   Why did you come to China? Talk about your feeling after you came to China.

（七）读一读下面的古诗，注意语气和感情
Read the following poem, pay attention to the mood and emotion

Shān xíng
山 行

(Táng) Dù Mù
（唐）杜 牧

Yuǎn shàng hánshān shíjìng xiá,
远 上 寒山 石径 斜，

Báiyún shēnchù yǒu rénjiā.
白云 深处 有 人家。

Tíng chē zuò ài fēnglín wǎn,
停 车 坐 爱 枫林 晚，

Shuāngyè hóng yú èryuè huā.
霜叶 红 于 二月 花。

Travle in the hill

(Tang) Du Mu

Climb up the hill along with the stone road during the winter,

There is a family in the top hill with the cloud around far away.

Stop the carriage and appreciate the beautiful scenery of maple trees,

The leaves are red while the flowers bloom in February.

第二十课　复习(四)
Lesson 20　Review IV

生词 New Words

听力部分　Listening Part

1. 床	n., m.(n.)	chuáng	bed	甲
2. 门	n., m.(n.)	mén	door, gate	甲
3. 流利	adj.	liúlì	fluent; (speak) fluently	乙
4. 听话	v.o.	tīng huà	be obedient	
5. 感冒	n., v.	gǎnmào	cold, flu; catch a cold	甲
6. 请假	v.o.	qǐng jià	ask for a leave	甲
7. 脚	n.	jiǎo	foot, base foot	甲
8. 习惯	n., v.	xíguàn	habit, custom	甲
9. 老板	n.	lǎobǎn	boss, manager, patron	乙

会话部分　Conversation Part

1. 冬天	n.	dōngtiān	winter	甲
2. 办	v.	bàn	do, handle, manage	甲
3. 没问题		méi wèntí	no problem	甲
4. 深	adj.	shēn	deep; dark (color)	甲

181

5. 浅	adj.		qiǎn	shallow, of little depth	甲
6. 短	adj.		duǎn	short	甲
7. 长	adj.		cháng	long	甲

本课新字 New Characters

脚 流 板 冒 惯 浅 冬 深 床
利 假 短

一 听力理解 Listening comprehension

（一）听下面的句子并选择正确答案

Listen to the following sentences and then choose the right answers

1. A. 桌子左边儿　　B. 桌子右边儿　　C. 门的右边
2. A. 看电影　　　　B. 看电视　　　　C. 去打球
3. A. 很流利　　　　B. 不流利　　　　C. 不太流利
4. A. 二百米　　　　B. 两三百米　　　C. 五百米
5. A. 妈妈觉得我穿得少　B. 我觉得天气不冷　C. 我不喜欢穿很多衣服
6. A. 他让李明爱看他写的字
   B. 他让李明爱听他读词语
   C. 他让李明爱听他读课文

7. A. 吃冷的东西，吃水果
   B. 多喝水，多吃冷的东西
   C. 多喝水，多吃水果

8. A. 1 路　　　　　　B. 7 路　　　　　　C. 11 路

9. A. 听力书下边儿　　B. 听力书旁边　　　C. 听力书上边儿

10. A. 他喜欢边吃饭边唱歌
    B. 他妈妈不让他唱歌
    C. 他很听妈妈的话

（二）听下面的对话并选择正确答案
　　　Listen to the following conversations and then choose the right answers

1. A. 八分钟　　　　　B. 五六分钟　　　　C. 三分钟

2. A. 老师不让请假　　B. 身体不错　　　　C. 明天考试

3. A. 你可以不告诉他们
   B. 你不要听他们的话
   C. 他们知道也没关系

4. A. 女的想让男的参加生日晚会
   B. 男的不愿意参加生日晚会
   C. 男的要陪爸爸去南京玩儿

5. A. 女的跑得很慢
   B. 女的腿不舒服
   C. 女的不想参加运动会

6. A. 爸爸妈妈的中间
   B. 弟弟妹妹的中间
   C. 弟弟妹妹的后边

7. A. 六点半　　　　　B. 七点二十　　　　C. 八点

8. A. 男的想听女的唱歌　　B. 女的要唱个歌　　C. 女的很喜欢唱歌

9. A. 门口的饭店　　B. 韩国菜好吃不好吃　　C. 去哪儿吃饭

10. A. 她不喜欢吃韩国菜

　　B. 她觉得不太舒服

　　C. 她习惯晚上不吃饭

（三）听后做练习　　Do the exercises after listening

1. 听后判断　　Judge true or false after listening

（1）女的不知道波伟在哪儿上课。　　（　　）

（2）王老师是波伟的汉语老师。　　（　　）

（3）波伟上课的楼是黄色的。　　（　　）

（4）女的和波伟不在一个班上课。　　（　　）

（5）女的不喜欢她们的老师。　　（　　）

2. 听后选择　　Choose the right answers after listening

（1）A. 又贵又不好吃　　B. 贵但是好吃　　C. 又便宜又好吃

（2）A. 我们说那儿的菜好吃

　　B. 我们是学生

　　C. 我们的钱不多

二 语音语调 Pronunciation and intonation

（一）选择你听到的词语　　Choose the words you hear

1. A. huáquán　　B. huā qián　　2. A. lìshǐ　　B. lìshí

3. A. qīnqi　　B. qīngxī　　4. A. chéngjiù　　B. chénjiù

5. A. zhēngzhí　　B. zhēnshí　　6. A. lóngdōng　　B. róngdòng

7. A. dàpén　　B. dàpéng　　8. A. xuěyuè　　B. xuěyè

9. A. biǎoxiàn　　B. biǎolián　　10. A. zhùzhái　　B. zhǔzǎi

（二）选择你听到的句子　Choose the sentences you hear

1. A. Wǒ bú yào qìchē.
   B. Wǒ bú yào qí chē.

2. A. Yóujú zài mǎlù de dōngbiānr.
   B. Yóujú zài mǎlù de dōngbian.

3. A. Wǒ yě bù zhīdào yào zhème zǒu.
   B. Wǒ yě bù zhīdào yào zěnme zǒu.

4. A. Qǐng nǐ zhùyì nǐ de ruòdiǎn.
   B. Qǐng nǐ zhùyì nǐ de luòdiǎn.

5. A. Nǐ bú yào zài tuīcí le.
   B. Nǐ bú yào zài tuīchí le.

6. A. Qiánmian shì yí ge xiǎo cūn.
   B. Qiánmian shì yì kē xiǎocōng.

7. A. Tā juéde méiyǒu shénme chūlù.
   B. Tā juéde méiyǒu shénme chūrù.

8. A. Zhèli měi nián dōu yào kāi huā.
   B. Zhèli měi nián dōu yào kāifā.

9. A. Dàjiā yào kèfú zhànshí kùnnan.
   B. Dàjiā yào kèfú zànshí kùnnan.

10. A. Qǐng gěi wǒ yì běn Hàn-Yīng cídiǎn.
    B. Qǐng gěi wǒ yì běn Yīng-Hàn cídiǎn.

（三）听后标出画线词语的声调

Mark the tones of the underlined phrases after listening

1. Wǒ qiántiān tài sheng qi le.
2. Zhè shuāng xié chicun hěn héshì.
3. Wǒ xiǎng qù nanfang lǚxíng.
4. Néng zài zhèr chou yan ma?
5. Jiàoshì zài cèsuǒ de pangbian.

6. Yizhi zǒu, bú yào guai, jiù néng kànjian.

7. Wǒ tài e le, xiǎng chīdiǎnr dongxi le.

8. Nǐ zěnme hái bù chufa ya?

9. Zhè jiā maoyi gōngsī zuò maoyi shēngyi.

10. Zuótiān de huazhan shang yǒu jǐ fú piàoliang de huar.

(四) 听后画出句子的重音

Mark the stresses of the sentences after listening

1. 超市在商店的左边儿。
2. 从这儿到北京大概要十个小时。
3. 我愿意和你一起去公园。
4. 他的排球打得不怎么样。
5. 爸爸让他努力学习。
6. 3路车站旁边是银行。

会话 Conversations

一 课文 Text

我没有冬天的衣服

李明爱: Zhèr de dōngtiān hěn lěng, nǐ yǒu dōngtiān de yīfu ma?
这儿的 冬天 很 冷,你 有 冬天 的衣服吗?

丁 荣: Wǒmen guójiā méiyǒu dōngtiān, wǒ méiyǒu dōngtiān de yīfu.
我们 国家 没有 冬天,我 没有 冬天 的 衣服。

第二十课　复习（四）

李明爱：Nà nǐ zěnme bàn?
那 你 怎么 办？

丁 荣：Nǐ néng péi wǒ qù shāngdiàn kànkan ma?
你 能 陪 我 去 商店 看看 吗？

李明爱：Méi wèntí, nǐ xiǎng shénme shíhou qù?
没 问题，你 想 什么 时候 去？

丁 荣：Jīntiān ba, zěnmeyàng?
今天 吧，怎么样？

李明爱：Hǎo, dànshì wǒmen zěnme qù ne? Nǐ huì qí zìxíngchē ma?
好， 但是 我们 怎么 去 呢？你 会 骑 自行车 吗？

丁 荣：Huì, érqiě qí de hěn hǎo, dàn wǒ méiyǒu zìxíngchē.
会， 而且 骑 得 很 好， 但 我 没有 自行车。

李明爱：Méi guānxi, nǐ qù jiè Bōwěi de ba, tā yǒu.
没 关系，你 去 借 波伟 的 吧，他 有。

丁 荣：Hǎo, wǒ qù jiè.
好， 我 去 借。

(李明爱和丁荣骑自行车来到新街口，在新街口的商店里)

丁 荣：Lǐ Míng'ài, nǐ kàn zhè jiàn yīfu zěnmeyàng?
李 明爱，你 看 这 件 衣服 怎么样？

李明爱：Wǒ juéde yánsè yǒudiǎnr shēn, nǐ chuān bú tài hǎokàn.
我 觉得 颜色 有点儿 深，你 穿 不 太 好看。

丁 荣：Shì ma? Nà wǒ shìshi zhè jiàn. …… nǐ kànkan,
是 吗？ 那 我 试试 这 件。…… 你 看看，

187

　　　　　　　zěnmeyàng?
　　　　　　　怎么样?

　　　　　　　Yǒudiǎnr cháng.
李明爱：有点儿 长。

　　　　　　　Nà pángbiān de nà jiàn ne?
丁 荣：那 旁边 的 那件 呢?

　　　　　　　Nǐ xiān shìshi ba. …… zhè jiàn búcuò, bù cháng bù
李明爱：你先 试试 吧。…… 这 件 不错，不 长 不

　　　　　　　duǎn, yánsè yě hěn héshì, nǐ chuān zhè jiàn piàoliang
　　　　　　　短，颜色也很合适，你 穿 这件 漂亮

　　　　　　　de hěn.
　　　　　　　得 很。

　　　　　　　Shì ma? Nà wǒ jiù mǎi zhè jiàn ba.
丁 荣：是 吗? 那 我 就 买 这 件 吧。

二 练习 Exercises

（一）用正确的语调读下面的句子

Read the following sentences with the correct intonation

1. 火车站在汽车站的南边儿，离学校很远。
2. 宿舍在食堂和办公楼的中间。
3. 我可以不可以用用你的笔?
4. 他能开车，而且开得很好。
5. 他作业做得很好。
6. 老师说我篮球打得好得很。
7. 老师让我下课后去他办公室。

8. 他喜欢一边听音乐，一边写作业。

（二）扩展练习　　Extending exercises

例：忙→很忙→工作很忙→有时候工作很忙→我有时候工作很忙

流利→

努力→

好看→

方便→

（三）用下面的词语各说一句话

Make up a sentence orally with each of the following words or phrases

得　　的　　地　　东边儿　　跟　　让　　愿意

（四）完成对话　　Complete the dialogues

1. A：_____？

   B：我去图书馆。

   A：_____？

   B：是啊，我一个人去。

   A：_____？

   B：不知道，我问问别人吧。

   B：你好，_____？

   C：在学校门口坐3路车，坐两站下车，一直走，五分钟就能到。

   A：那个图书馆怎么样？

   B：谢谢。

   B：我听别人说_____。

   A：真的吗？那我们一起去吧！

   B：_____。

2. A：你什么时候来南京的？

   B：_____。

   A：你觉得在这儿的生活怎么样？

   B：_____。

   A：你的学习怎么样？

   B：_____。

   A：你有几个好朋友？

   B：_____。

   A：他们怎么样？

   B：_____。

（五）情景会话　Situational conversations

1. 请你说说从学校大门口到你的宿舍怎么走。
   Please tell us how to walk from the school gate to your dormitory.

2. 你汉语说得不太好，你请你的中国朋友帮你找个可以练习口语的人。
   You can't speak Chinese well. You ask your Chinese friend to help you find one with whom you can practise your spoken Chinese.

3. 你看见你的好朋友新买的衬衫，你觉得很不错，你怎么对他说？
   You found that your friend bought a new shirt. You think it is a nice shirt. What would you like to say to her.

4. 你想请朋友帮忙，可怎么也找不到他，你晚上打电话询问他做什么了。
   You want your friend to do you a favour, but you cannot find him. You make a telephone call on that evening to ask him what he did.

5. 去中国朋友家玩儿，不知道怎么走，就问她。到她家以后，觉得她的家很漂亮，你说什么？
   You want to visit your Chinese friend, but you don't know the way, so you ask her. When you reach her home, you think that her house is very beautiful. What would you say?

（六）读一读下面的古诗，注意语气和感情

Read the following poem, pay attention to the mood and emotion

Wàng　Lú　Shān　pùbù
望　庐　山　瀑布

（Táng）Lǐ　Bái
（唐）李　白

Rì　zhào　Xiānglú　shēng　zǐ　yān,
日　照　香炉　生　紫　烟，

Yáo　kàn　pùbù　guà　qián　chuān.
遥　看　瀑布　挂　前　川。

Fēi　liú　zhí　xià　sānqiān　chǐ,
飞　流　直　下　三千　尺，

Yí　shì　yínhé　luò　jiǔtiān.
疑　是　银河　落　九天。

Look at the waterfall in Lu Mountain

(Tang) Li Bai

The incense-burner belches purple smoke when the sun shines,

The waterfall is just like a curtain when you look at it far away.

Flow down quickly from the high top,

And we all think the Milky Way is dropped from the sky.

听力录音文本与参考答案

第一课 你 好！

（一）听并写出声母，然后跟读（每个读两遍）

    b p m f d t n l g k h

（二）听并写出韵母，然后跟读（每个读两遍）

    a o e i u ü ai ei ao ou

（三）听声调，然后跟读（每个读两遍）

ā	á	ǎ	à	yī	yí	yǐ	yì
wū	wú	wǔ	wù	āi	ái	ǎi	ài
bō	bó	bǒ	bò	mā	má	mǎ	mà
gē	gé	gě	gè	lū	lú	lǔ	lù
hāi	hái	hǎi	hài	fēi	féi	fěi	fèi

（四）听辨并画出你听到的声母（每个读两遍）

1. <u>b</u>a pa   <u>b</u>o po   <u>b</u>ao pao   <u>b</u>ei pei   （第一声）
2. <u>d</u>a ta   <u>d</u>u tu   dai <u>t</u>ai   dou <u>t</u>ou   （第三声）
3. ge <u>k</u>e   <u>g</u>u ku   <u>g</u>ai kai   gao <u>k</u>ao   （第四声）
4. <u>n</u>a la   nu lu   nü <u>l</u>ü   nao <u>l</u>ao   （第四声）
5. <u>f</u>a ha   fei <u>h</u>ei   （第一声）

（五）听辨并画出你听到的韵母（每个读两遍）（第三声）

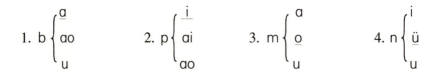

5. l $\begin{cases} u \\ \underline{i} \\ ü \end{cases}$ 6. f $\begin{cases} a \\ u \\ \underline{ou} \end{cases}$ 7. d $\begin{cases} ai \\ \underline{ao} \\ ou \end{cases}$ 8. g $\begin{cases} ai \\ ei \\ e \end{cases}$

（六）选择你听到的声调（每个读两遍）

	ˉ	´	ˇ	`
ba	√			
hao			√	
wu		√		
ni				√
kou			√	

（七）听辨并画出你听到的音节（每个读两遍）

1. <u>tā</u>　　dǎ　　　　2. <u>yī</u>　　yí
3. <u>bō</u>　　pō　　　　4. mǒ　　<u>mǒu</u>
5. <u>nǔ</u>　　lǔ　　　　6. kāi　　<u>hāi</u>
7. <u>bù</u>　　dù　　　　8. <u>bèi</u>　　pèi
9. <u>gāo</u>　　gōu　　　10. mù　　<u>mò</u>

第二课　你忙吗？

（一）听韵母，然后跟读（每个读两遍）

an　en　ang　eng　ong

（二）听并写出音节，然后跟读（每个读两遍）

mān　mán　mǎn　màn　fēn　fén　fěn　fèn
pāng　páng　pǎng　pàng　lēng　léng　lěng　lèng
hōng　hóng　hǒng　hòng

（三）听辨并画出你听到的韵母（每个读两遍）（第一声）

1. b $\begin{cases} \underline{an} \\ ang \\ en \end{cases}$ 2. f $\begin{cases} \underline{ang} \\ en \\ eng \end{cases}$ 3. d $\begin{cases} \underline{an} \\ eng \\ ong \end{cases}$

4. g { ang / eng / ong   5. k { a / an / ai   6. t { ei / ong / eng

（四）选择你听到的声调

	ˉ	ˊ	ˇ	ˋ
fan	√			
lang		√		
den				√
beng	√			
tong			√	

（五）听辨并画出你听到的音节

pān-<u>pán</u>　　nóng-<u>nòng</u>　　tēng-<u>téng</u>　　kǎn-<u>kàn</u>　　tāng-<u>tàng</u>

<u>bàn</u>-pàn　　nóng-<u>lóng</u>　　<u>dèn</u>-dèng　　<u>tēng</u>-dēng　　kàn-<u>gàng</u>

hén-<u>héng</u>　　<u>bān</u>-pāng　　dǎn-<u>tǎng</u>　　mén-<u>néng</u>　　<u>tǒng</u>-dǒng

（六）在横线上填出你听到的音节

（1）Fǎyǔ hěn <u>nán</u>.

（2）Māma hěn ài <u>Fāngfang</u>.

（3）Nǐ mǎi <u>fàn</u>, tā mǎi <u>tāng</u>.

（4）Táishang fàng ge <u>dēng</u>, dēng páng fàng ge <u>pén</u>.

（5）<u>Hónghong</u> húle yí ge fěn <u>dēnglong</u>, <u>Fāngfang</u> húle yí ge hóng <u>dēnglong</u>.

第三课　今天星期几？

（一）听音节，填出你听到的声母（每个读两遍）（第一声）

　　　jia　　xie　　que　　qiao　　xiong　　jiu　　qing

（二）听音节，填出你听到的韵母（每个读两遍）（第一声）

　　　jia　jie　jiu　jiao　jiang　jian　jin　jing

	qian	qia	qiang	qiao	qin	qing	que	quan
	xiang	xiao	xuan	xiong	xue	xun	xuan	xie

(三) 听并写出音节，然后跟读（每个读两遍）

jiā   jiá   jiǎ   jià   jiāo   jiáo   jiǎo   jiào
jiē   jié   jiě   jiè   qiān   qián   qiǎn   qiàn
qiāng   qiáng   qiǎng   qiàng   qīn   qín   qǐn   qìn
xuē   xué   xuě   xuè   xuān   xuán   xuǎn   xuàn

(四) 听辨并画出你听到的声母（每个读两遍）(第一声)

1. j / q } ia   2. q / x } ie   3. j / x } un

4. j / x } uan   5. j / x } ing   6. j / x } iang

（答案：1. q 2. q 3. j 4. q 5. q 6. q）

(五) 听辨并画出你听到的韵母（每个读两遍）(第四声)

1. j { ian / iang / in }   2. q { iao / ia / iang }   3. x { in / ing / un }

4. q { ue / ie / uan }   5. x { iu / ia / ie }   6. j { iu / iao / ia }

(六) 选择你听到的声调（每个读两遍）

	ˉ	ˊ	ˇ	ˋ
jie				√
qiao			√	
xiu	√			
jun	√			
xing		√		

195

（七）在横线上填出你听到的音节

1. Māma qī diǎn xià bān.
2. Tā jiǔ diǎn qǐ chuáng.
3. Qǐng nǐ hǎohāo tīng.
4. Bàba jì qián, gēge jì xìn.
5. Jiǎngjiā qìle yì dǔ qiáng, Xújiā yǎngle yì tóu yáng.

第四课 这是什么？

（一）听音节，填出你听到的声母（每个读两遍）

zi　　zhi　　shua　　suo　　cui　　chun　　zuan　　zhuan　　（第三声）

zhua　shua　cun　chun　zhuang　chuang　sun　shuo　（第一声）

（二）听音节，填出你听到的韵母（每个读两遍）

ruo　shua　shuai　zhuang　zhuan　cui　weng　cuo　（第四声）

sui　sun　shuo　shua　chuai　chui　zuan　zhuang　（第一声）

（三）听并写出音节，然后跟读（每个读两遍）

zuō　zuó　zuǒ　zuò　zhāo　zháo　zhǎo　zhào
cūn　cún　cǔn　cùn　chuāi　chuái　chuǎi　chuài
suī　suí　suǐ　suì　shēn　shén　shěn　shèn
rún　rùn　suān　suàn　chuáng　chuǎng　zūn　zùn

（四）听辨并画出你听到的声母（每个读两遍）（第一声）

1. z / s / zh } ou
2. c / s / ch } ui
3. s / z / ch } un
4. z / c / s } uo
5. zh / ch / sh } uan
6. zh / ch / sh } uang

（五）听辨并画出你听到的韵母（每个读两遍）（第一声）

1. z { an / <u>uan</u> / un }
2. c { uan / <u>ui</u> / uo }
3. s { ui / <u>un</u> / uo }
4. zh { ua / <u>uan</u> / uang }
5. ch { uai / <u>uan</u> / uang }
6. sh { ua / <u>uo</u> / uai }

（六）选择你听到的声调（每个读两遍）

	ˉ	ˊ	ˇ	ˋ
rui				√
zuo		√		
shuan	√			
chun			√	
zhuai				√

（七）在横线上填出你听到的音节（每个读两遍）

1. Tā <u>sì</u> diǎn huí sùshè.
2. Qǐng nín <u>zài</u> shuō yí biàn.
3. Lǎoshī <u>shí</u> diǎn <u>cái</u> huí jiā.
4. Wǒ shì <u>zhuān</u>mén lái gàosu nǐ zhè jiàn shì de.
5. Zhè shì <u>Jiǎng</u> xiānsheng，zhè shì <u>Zhāng</u> xiānsheng.

第五课　复习（一）

（一）听音节，填出你听到的声母（每个读两遍）

<u>z</u>i　<u>zh</u>ua　<u>b</u>ie　<u>q</u>ia　<u>p</u>iao　<u>m</u>an　<u>j</u>üe　<u>t</u>un　<u>sh</u>a　<u>j</u>iang　（第一声）

<u>f</u>o　<u>d</u>uo　<u>t</u>ui　<u>n</u>an　<u>x</u>ing　<u>h</u>ong　<u>l</u>u　<u>l</u>ou　<u>p</u>an　<u>k</u>e　（第二声）

<u>j</u>ie　<u>q</u>uan　<u>ch</u>ou　<u>r</u>uo　<u>zh</u>en　<u>f</u>an　<u>c</u>eng　<u>s</u>ong　<u>sh</u>u　<u>x</u>iong　（第四声）

（二）听音节，填出你听到的韵母（每个读两遍）

ba	bo	bao	bai	ban	cai	cao	cen	ceng	cong	（第一声）
dia	diao	dei	duo	dou	pi	pin	pian	peng	pang	（第三声）
ne	nü	nüe	nan	nian	lu	lun	luan	lan	lang	（第四声）
zhua	zhuo	zhuai	zhui	zhen	shen	sheng	shan	shang		（第一声）

（三）听辨并画出你听到的声母（每个读两遍）（第一声）

1. b / p } a   2. m / b } o   3. d / t } ui   4. n / l } üe

5. g / k / h } ai   6. j / q / x } ie   7. zh / ch / sh } ua   8. z / c / s } ao

9. s / z / sh } un   10. b / p / m } o   11. zh / j / z } un   12. ch / c / q } uan

（四）听辨并画出你听到的韵母（每个读两遍）（第四声）

1. b { o / u / a }   2. n { i / u / ü }   3. p { ei / ai / ao }

4. l { ie / ei / üe }   5. c { en / eng / un }   6. zh { u / ui / uai }

7. sh { ua / uan / uai }   8. j { un / uan / ing }   9. x { iong / in / ing }

（五）选择你听到的词语（每个读两遍）

bānzhǎng–páizhǎng　　　　bìbèi–píbèi　　　　mǎimai–máfan

máimò–fāméi　　　　　　diēdǎ–tiětǎ　　　　dāobīng–táobīng

niánxiàn–liánxiàn　　　　liúlǎn–niúnǎi　　　　gēnggǎi–kěngàn

kònggào–gōnggào	guīgé–huìhé	hǎizǎo–gǎizào
kèwài–géwài	jiànbié–qiánbian	jiànjiāo–jiànqiáo
qīfú–xīfú	xiāojí–qiāojī	zìzhǔ–zhīzú
sūxǐng–shūxīn	cízǎo–chízǎo	zìsī–shìshí
zhīdao–chídào	zhuānxīn–shànxīn	huíliú–chuīniú

（六）选择你听到的句子（每个读两遍）

1. A. Bàba qī diǎn huílai. B. Bàba jiǔ diǎn huílai.
   C. Bàba jǐ diǎn huílai?

2. A. Tā shì Xiǎonán. B. Tā shì Xiǎolán.
   C. Tā shì Xiǎoliáng.

3. A. Wǒ yào yìdiǎn yān. B. Wǒ yào yìdiǎn yán.
   C. Wǒ yào yìdiǎn yáng.

4. A. Xiǎomài xiǎng pá shān. B. Xiǎomài xiān pá shān.
   C. Xiǎomèi xiǎng pá shān.

5. A. Xiǎogāng hé Xiǎoguāng xiǎng mǎi bǐ.
   B. Xiǎogāng hé Xiǎohuáng xiǎng mǎi bǐ.
   C. Xiǎohuáng hé Xiǎoguāng xiǎng mǎi bǐ.

第六课　同学们，早上好！

一、听力理解

（一）听下面的句子并选择正确答案

1. 我学习汉语，不学习法语。
   问：他学习什么？（A）
   A. 汉语　　　　B. 法语　　　　C. 英语

2. 波伟是留学生，他的姐姐也是留学生。
   问：下面哪句话是对的？（C）
   A. 波伟是留学生，姐姐不是留学生
   B. 波伟不是留学生，姐姐是留学生
   C. 波伟和他姐姐都是留学生

3. 汉语的发音不太难，汉字很难。
   问：什么很难？（B）
   A. 汉语的发音　　　B. 汉字　　　C. 汉语的发音和汉字
4. 早上好！
   问：听到这句话，怎么回答？（C）
   A. 谢谢你　　　B. 不客气　　　C. 早上好
5. 中国人学习英语，美国人学习汉语。
   问：谁学习汉语？（A）
   A. 美国人　　　B. 中国人　　　C. 英国人
6. 丁荣和波伟都喜欢汉语。
   问：谁喜欢汉语？（C）
   A. 丁荣　　　B. 波伟　　　C. 丁荣和波伟
7. 今天是星期五，明天是星期六。
   问：明天是星期几？（B）
   A. 星期五　　　B. 星期六　　　C. 星期天
8. 爸爸工作很忙，妈妈不太忙。
   问：妈妈工作忙吗？（B）
   A. 不忙　　　B. 不太忙　　　C. 很忙
9. 汉语很难，法语不太难，英语很容易。
   问：什么语很容易？（A）
   A. 英语　　　B. 法语　　　C. 汉语
10. 我的汉语老师姓庄，我们都很喜欢他。
    问：他的汉语老师姓什么？（A）
    A. Zhuāng　　　B. Jiāng　　　C. Zhāng

（二）听下面的对话并选择正确答案

1. 男：我叫波伟，你叫什么名字？
   女：我叫丁荣，我的朋友也叫我丁丁。
   问：男的叫什么名字？（A）
   A. 波伟　　　B. 丁荣　　　C. 丁丁
2. 男：你是美国人吗？
   女：不，我是英国人。
   问：女的是哪国人？（C）
   A. 美国人　　　B. 中国人　　　C. 英国人
3. 男：你今天去学校吗？
   女：今天是星期天，我们不上课。
   问：下面哪句话是对的？（B）
   A. 男的今天去学校　　B. 女的今天没有课　　C. 今天是星期六

4. 男：丁荣，波伟的哥哥也是学生吗？
   女：他不是学生，他是老师。
   问：谁是老师？（C）
   A. 丁荣　　　　　B. 波伟　　　　　C. 波伟的哥哥

5. 男：你爸爸妈妈身体好吗？
   女：他们身体都很好，谢谢。
   问：下面哪句话是对的？（A）
   A. 爸爸身体好，妈妈身体也很好
   B. 爸爸身体不好，妈妈身体很好
   C. 爸爸身体很好，妈妈身体不好

6. 男：你们的汉语老师姓"田"吗？
   女：他不姓"田"，姓"钱"。
   问：女的的汉语老师姓什么？（B）
   A. Tián　　　　　B. Qián　　　　　C. Quán

7. 男：你们学校有英国学生吗？
   女：我们学校有法国学生和美国学生，没有英国学生。
   问：女的的学校没有哪国学生？（C）
   A. 法国学生　　　B. 美国学生　　　C. 英国学生

8. 男：我现在去食堂，你去哪儿？
   女：我回宿舍。
   问：男的去哪儿？（A）
   A. 食堂　　　　　B. 宿舍　　　　　C. 教室

9. 男：丁荣，你喜欢汉语吗？
   女：我喜欢汉语，我的朋友波伟也喜欢汉语。
   问：谁喜欢汉语？（C）
   A. 丁荣　　　　　B. 波伟　　　　　C. 丁荣和波伟

10. 男：我是美国留学生，我学习汉语，你是留学生吗？
    女：我是中国学生，我学习英语。
    问：他们学习什么？（B）
    A. 他们都学习汉语
    B. 男的学习汉语，女的学习英语
    C. 男的学习英语，女的学习汉语

二、语音语调

（一）听后填出声母（唇音）

bèipàn　　　bìmù　　　běifāng　　　pùbù

pāimài	pífū	màibó	màopái
mófàn	fānbù	féipàng	fùmǔ
bāngmáng	bīngfēng	pīnbó	piànmiàn
pèifāng	máobǐ	méngpiàn	mìfēng
fǎnbó	fèipǐn	fēnmíng	bēnpǎo

（二）听后填出韵母（ie 和 üe）

tiējìn	wēixié	juéjù	xuèyuán
jiěshì	juéqǔ	húdié	xièqì
lièhén	yuēshù	juébié	jiějué
diéxuè	quèqiè	jiéyuē	jiéjué
jiélüè	juéliè	xièjué	mièjué

（三）听后填出声调（阴平字组）

ānxīn	jiētóu	bēijù	bānshǒu	kōngqián
jiābān	bēidài	kāihuái	huānhū	xiūyǎng
chāozài	shēnyín	yōujiǔ	shuōfú	jiāotōng
zhēnlǐ	tiāntáng	biānsài	xīngqǐ	qūzhú

第七课　你家有几口人？

一、听力理解

（一）听下面的句子并选择正确答案

1. 我家有爸爸、妈妈、哥哥、姐姐和我。
   问：他们家有几口人？（B）
   A. 四口　　　　　　B. 五口　　　　　　C. 六口
2. 我有汉语书和汉语词典。
   问：他没有什么？（A）
   A. 本子　　　　　　B. 汉语书　　　　　　C. 汉语词典
3. 丁荣有很多外国朋友，没有中国朋友。
   问：丁荣有外国朋友吗？（C）
   A. 没有　　　　　　B. 有一个　　　　　　C. 有很多

4. 姐姐有五支笔，妹妹有三支笔。

　　问：姐姐有几支笔？（B）

　　A. 三支　　　　　　　B. 五支　　　　　　　C. 八支

5. 语法课很难，听力课不太难，口语课很容易。

　　问：什么课容易？（C）

　　A. 语法　　　　　　　B. 听力　　　　　　　C. 口语

6. 现在很多外国人都喜欢汉语。

　　问：下面哪句话是对的？（A）

　　A. 很多外国人喜欢汉语

　　B. 外国人都喜欢汉语

　　C. 中国人不喜欢汉语

7. 我们班有三位老师，二十二个学生。

　　问：他们班有多少个学生？（C）

　　A. 3　　　　　　　　B. 12　　　　　　　　C. 22

8. 我没有哥哥，也没有姐姐，有一个弟弟。

　　问：她有什么？（B）

　　A. 哥哥　　　　　　　B. 弟弟　　　　　　　C. 姐姐

9. 我有三个好朋友，我们一起学习，一起玩儿，我很喜欢他们。

　　问：下面哪句话不对？（A）

　　A. 他有三个中国朋友

　　B. 他和朋友们一起学习

　　C. 他很喜欢他的朋友

10. 弟弟十一岁，我十七岁。

　　问：我多大？（C）

　　A. 7 岁　　　　　　　B. 11 岁　　　　　　　C. 17 岁

（二）听下面的对话并选择正确答案

1. 男：你有汉英词典吗？

　　女：我没有汉英词典，我有英汉词典。

　　问：女的有什么词典？（C）

　　A. 汉英词典　　　　　B. 汉语词典　　　　　C. 英汉词典

2. 男：你们学校大吗？

　　女：我们学校很大，有三个图书馆，六个食堂，八十个教室。

　　问：他们学校有几个食堂？（B）

　　A. 3 个　　　　　　　B. 6 个　　　　　　　C. 10 个

3. 男：张老师是你们的语法老师吗？
   女：张老师不是我们的语法老师，我们的语法老师是田老师。
   问：下面哪句话是对的？（A）
   A. 田老师是语法老师　　　B. 张老师也教语法　　　C. 女的有两位语法老师
4. 男：我有一个妹妹，你有妹妹吗？
   女：我没有妹妹，我有一个姐姐、两个弟弟。
   问：女的有弟弟吗？（C）
   A. 没有　　　　　　　　B. 有一个　　　　　　　C. 有两个
5. 男：你有几个本子？
   女：我有五个新本子，四个旧本子。
   问：女的有几个新本子？（B）
   A. 4个　　　　　　　　B. 5个　　　　　　　　C. 9个
6. 男：今天上午你有语法课吗？
   女：不，我没有语法课，我有听力课。
   问：女的今天有什么课？（C）
   A. 法语课　　　　　　　B. 语法课　　　　　　　C. 听力课
7. 男：明天我和丁荣去公园，你去吗？
   女：我不去，我明天有课。
   问：谁明天不去公园？（A）
   A. 女的　　　　　　　　B. 男的　　　　　　　　C. 丁荣
8. 男：图书馆有法语书吗？
   女：没有法语书，有汉语书，也有英语书。
   问：图书馆没有什么书？（B）
   A. 汉语书　　　　　　　B. 法语书　　　　　　　C. 英语书
9. 男：你们班有多少男同学？多少女同学？
   女：我们班有四个男同学，十个女同学。
   问：女的班有多少个同学？（C）
   A. 4个　　　　　　　　B. 10个　　　　　　　　C. 14个
10. 男：你们学校都是中国学生吗？
    女：不都是中国学生，也有外国学生。
    问：女的学校有什么学生？（A）
    A. 有中国学生，也有外国学生
    B. 没有中国学生，有外国学生
    C. 有中国学生，没有外国学生

二、语音语调

（一）听后填出声母（舌尖前音）

zǐcài　　zǐsūn　　cǎisè　　cáozá

sǎngzi　　suícóng　　zūncóng　　zǔsè

cūsú　　cúnzài　　sùzào　　sècǎi

zāozuì　　cǎocóng　　sōngsǎn　　cāngcuì

（二）听后填出韵母（ai 和 uai）

tiāncái　　yīnggāi　　qíguài　　bǎinián

dǎidú　　huáiniàn　　dàibǔ　　kǎixuán

cáiliào　　liángkuai　　chāisàn　　kuàizi

páihuái　　wàilái　　huáihǎi　　guǎimài

shuǎimài　　wàikuài　　hǎiwài　　kāihuái

（三）听后填出声调（阳平字组）

fángkōng　　niánchéng　　yínghòu　　xuánshǎng　　pínghéng

zhíshuài　　yángjiǎo　　hóngguān　　miányán　　zhújiàn

rénlún　　xióngzhǎng　　qiángxíng　　língkōng　　shényǒng

yóuguàng　　wéikǒng　　xúnfǎng　　yúnòng　　héngwēn

第八课　请问，办公楼在哪儿？

一、听力理解

（一）听下面的句子并选择正确答案

1. 李明爱在二年级三班，安达在一年级四班。
   问：安达在几年级几班？（A）
   A. 一年级四班　　　B. 二年级三班　　　C. 三年级一班

205

2. 黑色的笔很新，红色的笔很旧，白色的笔不新也不旧。
   问：哪支笔是新的？（A）
   A. 黑色的笔　　　　　　B. 红色的笔　　　　　　C. 白色的笔

3. 王老师教二班，张老师教三班，田老师教四班。
   问：哪位老师教四班？（C）
   A. 王老师　　　　　　　B. 张老师　　　　　　　C. 田老师

4. 我们班有韩国学生、英国学生、德国学生和澳大利亚学生。
   问：他们班没有哪国学生？（B）
   A. 德国学生　　　　　　B. 美国学生　　　　　　C. 澳大利亚学生

5. 昨天天气很好，今天不太好。
   问：今天天气好吗？（C）
   A. 很好　　　　　　　　B. 比较好　　　　　　　C. 不太好

6. 今天我和同学一起去图书馆，图书馆有中文书，英文书和法文书。
   问：图书馆没有什么书？（B）
   A. 英文书　　　　　　　B. 日文书　　　　　　　C. 中文书

7. 我下午不在宿舍，我去教室学习。
   问：他下午在哪儿？（A）
   A. 教室　　　　　　　　B. 宿舍　　　　　　　　C. 图书馆

8. 爸爸今天不在家，他周末在家。
   问：爸爸哪天在家？（C）
   A. 星期一　　　　　　　B. 星期四　　　　　　　C. 星期六

9. 你去图书馆吗？那个黄色的大楼是留学生宿舍，图书馆在留学生宿舍后边。
   问：那个人去哪儿？（A）
   A. 图书馆　　　　　　　B. 留学生宿舍　　　　　C. 黄色的大楼

10. 我有两个朋友：一个是中国人，叫王明，他学习英语；一个是留学生，叫波伟，他也学习汉语。
    问：下面哪句话是不对的？（B）
    A. 我学习汉语　　　　　B. 王明也学习汉语　　　C. 波伟不是中国人

（二）听下面的对话并选择正确答案

1. 男：请问，这是留学生宿舍楼吗？
   女：这是中国学生宿舍楼，留学生宿舍在这个楼的旁边。
   问：他们在哪儿？（B）
   A. 留学生宿舍楼　　　　B. 中国学生宿舍楼　　　C. 老师的宿舍楼

听力录音文本与参考答案

2. 男：你有多少本书？
   女：我有5本汉语书，7本法语书，10本英语书。
   问：女的有多少本书？（C）
   A. 7本   B. 10本   C. 22本

3. 男：晚上你去图书馆吗？
   女：去，我和安达一起去。
   问：谁晚上去图书馆？（A）
   A. 女的和安达   B. 男的和安达   C. 男的和女的

4. 男：你在中国，你哥哥姐姐在哪儿？
   女：哥哥在美国，姐姐在加拿大。
   问：姐姐在哪儿？（C）
   A. 中国   B. 美国   C. 加拿大

5. 男：请问，留学生办公室在哪儿？
   女：在102教室的旁边……，不对，在201教室的旁边。
   问：留学生办公室在哪儿？（B）
   A. 102教室旁边   B. 201教室旁边   C. 210教室旁边

6. 男：今天是星期天，你做什么？
   女：上午去图书馆，下午和朋友去公园，晚上在宿舍。
   问：女的下午在哪儿？（A）
   A. 公园   B. 宿舍   C. 图书馆

7. 男：这是张老师的办公室吗？
   女：对，他现在不在。
   问：下面哪句话不对？（B）
   A. 这是张老师的办公室 B. 女的是张老师   C. 张老师不在办公室

8. 男：我去留学生食堂，你去吗？
   女：我不去留学生食堂，我去中国学生食堂。
   问：谁去留学生食堂？（C）
   A. 都去   B. 女的去   C. 男的去

9. 男：你有这本词典吗？
   女：《汉英词典》？没有，我有《英汉词典》。
   问：女的有什么词典？（A）
   A. 英汉词典   B. 汉英词典   C. 汉语词典

10. 男：下午我没有课，我们一起去王明的宿舍吧。
    女：我不去，我和丁荣去图书馆。
    问：男的下午去哪儿？（C）
    A. 学校   B. 图书馆   C. 王明的宿舍

207

二、语音语调

(一) 听后填出声母(舌尖中音)

dǎtīng	diànnǎo	dǎnliàng	niúnǎi
tóngnián	tiáolǐ	nüèdài	lǐtáng
lǐniàn	dàitóu	dīngníng	nóngtián
lěngtàng	lǎonóng	tǎolùn	nàliáng
lǎnduò	táonàn	dǎoluàn	nǐdìng
nénglì	nuódòng	niánlíng	tǎndàng

(二) 听后填出韵母(ao 和 iao)

xiāoyǒng	páozhì	xiàngmào	jiāonèn
làoyìn	hùnxiáo	tiáokǎn	biāodiǎn
xiàomào	tiáogāo	xiāoyáo	miáotiao
gāocháo	liàoqiào	hàomiǎo	tiáoliào
jiàodǎo	qiáobāo	jiāozào	sāorǎo

(三) 听后填出声调(上声字组)

biǎozhāng	wǎngnián	jiǎngshòu	wǎnqiū	dǎngzhāng
kěguān	qiǎngduó	shǎnniàn	pǔtōng	zhèngqì
lǐngchàng	yǎnyuán	jiǎzhuāng	zǔchéng	ǒuxiàng
lǎnhàn	zǒngjié	chǎnshēng	wěiyuán	ruǎnhuà
yěmán	yǔmáo	pǐnxíng	jiǎndān	zhǒngliú

第九课 你们学校有多少个学生?

一、听力理解

(一) 听下面的句子并选择正确答案

1. 我不在宿舍看书,我都在阅览室看书,李明爱喜欢在教室看书。
   问:李明爱喜欢在哪儿看书?(C)
   A. 宿舍　　　　　B. 阅览室　　　　　C. 教室

2. 没有课的时候，我喜欢在宿舍看电影、和朋友一起玩儿。
   问：没有课的时候，我喜欢做什么？（B）
   A. 在宿舍休息　　　　B. 在宿舍看电影　　C. 和朋友去公园玩儿
3. 留学生宿舍在留学生食堂的旁边，教师宿舍的前边，我们一起去吧。
   问：他们去哪儿？（A）
   A. 留学生宿舍　　　　B. 留学生食堂　　　C. 教师宿舍
4. 张老师教听力，李老师教语法，今天有语法课，没有听力课。
   问：今天哪个老师有课？（B）
   A. 张老师　　　　　　B. 李老师　　　　　C. 张老师和李老师
5. 这儿有一张地图，一把伞。
   问：这儿没有什么？（C）
   A. 地图　　　　　　　B. 伞　　　　　　　C. 报纸
6. 我们的教室有四张大桌子，三张小桌子，二十一把椅子。
   问：教室有几张桌子，几把椅子？（C）
   A. 七张桌子，七把椅子
   B. 二十一张桌子，二十一把椅子
   C. 七张桌子，二十一把椅子
7. 我星期一上午有五节语法课，星期二上午有两节听力课，三节口语课。
   问：他星期二有几节听力课？（A）
   A. 两节　　　　　　　B. 三节　　　　　　C. 五节
8. 今天的报纸很多，有十六张；星期天的报纸很少，有四张。
   问：今天的报纸有几张？（C）
   A. 四张　　　　　　　B. 六张　　　　　　C. 十六张
9. 丁荣的学校有一万一千多个学生，王明的学校有一万九千多个学生，安达的学校有一万七千多个学生。
   问：谁的学校学生多？（B）
   A. 丁荣的学校　　　　B. 王明的学校　　　C. 安达的学校
10. 我们公司有一百多个职员，有中国职员，也有外国职员。
    问：下面哪句话是对的？（C）
    A. 我们公司有一百个职员
    B. 我们公司没有外国职员
    C. 我们公司不都是中国职员

（二）听下面的对话并选择正确答案

1. 男：请问，李明爱在吗？
   女：她不在，她在教室上课。
   问：说话人可能在哪儿？（B）
   A. 教室　　　　　　　B. 宿舍　　　　　　C. 图书馆

2. 男：你喝不喝茶？
   女：我晚上都不喝茶，有可乐吗？
   问：下面哪句话是对的？（C）
   A. 女的不喜欢喝茶　　　B. 男的没有可乐　　　C. 现在是晚上

3. 男：你们阅览室有没有法语报纸？
   女：法语报纸和法语杂志都没有，有法语书。
   问：阅览室有没有法语杂志？（B）
   A. 有　　　　　　　　B. 没有　　　　　　　C. 有很多

4. 男：我下午去图书馆，你去不去？
   女：我和丁荣也去图书馆，我们一起去吧。
   问：下午几个人去图书馆？（C）
   A. 一个　　　　　　　B. 两个　　　　　　　C. 三个

5. 男：你们的老师好吗？
   女：我们班有三位老师，他们都很好。
   问：女的班有几位老师？（C）
   A. 一位　　　　　　　B. 两位　　　　　　　C. 三位

6. 男：一楼的厕所不太干净。
   女：二楼和三楼的厕所比较好。
   问：女的是什么意思？（B）
   A. 这个楼有三个厕所
   B. 二楼和三楼的厕所比较干净
   C. 二楼和三楼没有厕所

7. 男：你回宿舍吗？
   女：我不在学校住，学校的宿舍不太安静。
   问：下面哪句话是对的？（C）
   A. 女的回宿舍　　　　B. 女的在学校住　　　C. 女的喜欢安静

8. 男：没课的时候我和朋友一起玩儿，你做什么？
   女：我在宿舍休息。
   问：没课的时候，男的做什么？（A）
   A. 玩儿　　　　　　　B. 休息　　　　　　　C. 学习

9. 男：这是今天的报纸吗？
   女：不是，那是昨天的报纸，今天的报纸在这儿。
   问：这里没有哪天的报纸？（C）
   A. 昨天　　　　　　　B. 今天　　　　　　　C. 明天

10. 男：那个男老师是你的老师吗？
    女：他是我姐姐的老师，我的老师都是女老师。
    问：那个男的是谁？（C）
    A. 男的的老师　　　　B. 女的的老师　　　　C. 女的姐姐的老师

二、语音语调

(一) 听后填出声母（舌尖后音）

zhèngcháng　　zhāoshēng　　zhènróng　　chénzhòng

chénshè　　　　chǐrǔ　　　　shǐzhōng　　shuǐchǎn

shāngrén　　　rènzhèng　　　rìchéng　　　ránshāo

zhuānchē　　　chángshì　　　shīzhǔ　　　chéngshòu

zhēngshōu　　chūshì　　　　shēngzhǎng　shānzhā

chéngrán　　　cházhōng　　　shēnzhǎn　　rǒngcháng

(二) 听后填出韵母（iou、uei、uen 的略写）

liǔyè　　　chúncuì　　　niúròu　　　zhǔnbèi

huìyì　　　chēlún　　　　yōuliáng　　wèiwèn

wénzi　　　qǐqiú　　　　wēnyì　　　shuǐpíng

(三) 听后填出声调（去声字组）

shìzhōng　yàofáng　zhuīhuǐ　gàikuàng　còuqiǎo

tuìbīng　　zhòngdú　zuògěng　fàngshǒu　gòngxìng

chàndǒu　zàngzú　　xiànbīng　bàifǎng　diànnǎo

fènhèn　　bùzhǎng　yuànyán　wèisuō　　jìmò

第十课　复习（二）

一、听力理解

(一) 听下面的句子并选择正确答案

1. 我的爸爸是老师，哥哥姐姐也都是老师。
   问：他的家谁可能不是老师？（B）
   A. 爸爸　　　　B. 妈妈　　　　C. 哥哥
2. 苹果有红色的，绿色的，也有黄色的。
   问：苹果有几种颜色？（C）
   A. 一种　　　　B. 两种　　　　C. 三种

3. 这个星期我上午都有课，星期二和星期四下午也有课。

    问：他什么时候可能在宿舍？（C）

      A. 星期一上午　　　B. 星期二下午　　　C. 星期五下午

4. 今天是周末，学校有电影，我不学习，我去看电影。

    问：下面哪句话是对的？（B）

      A. 今天是星期四　　B. 今天学校有电影　　C. 我不喜欢学习

5. 我不太忙，常常在宿舍做饭，忙的时候也去食堂吃饭。

    问：他常常在哪儿吃饭？（A）

      A.宿舍　　　　　　B. 中国学生食堂　　C. 留学生食堂

6. 我在中国，姐姐在美国，爸爸妈妈在韩国，弟弟和爸爸妈妈在一起。

    问：弟弟在哪儿？（B）

      A. 中国　　　　　　B. 韩国　　　　　　C. 美国

7. 这是我们全家的照片，照片上是爸爸、妈妈、哥哥、姐姐和我。

    问：他们家有几口人？（C）

      A. 三口　　　　　　B. 四口　　　　　　C. 五口

8. 今天下午没有课，安达去图书馆，我和王明去商店。

    问：安达下午去哪儿？（A）

      A. 图书馆　　　　　B. 教室　　　　　　C. 商店

9. 那个书店的书很多，也不太贵，我常去那儿。

    问：下面哪句话不对？（C）

      A. 那个书店很好　　B. 他喜欢那个书店　　C. 那个书店的书很便宜

10. 这是我们的学校，这是图书馆，这是宿舍，那是食堂。

    问：没有提到什么地方？（B）

      A. 图书馆　　　　　B. 教室　　　　　　C. 食堂

（二）听下面的对话并选择正确答案

1. 男：下午我和丁荣去公园，一起去吧！

    女：对不起，我今天下午有课。

    问：谁不去公园？（B）

      A. 男的　　　　　　B. 女的　　　　　　C. 丁荣

2. 男：你去哪儿？

    女：我去买面包、本子和笔。

    问：女的去哪儿？（A）

      A. 商店　　　　　　B. 食堂　　　　　　C. 教室

3. 男：我叫王明，是中国人。认识你，我很高兴。
   女：我也是。
   问：女的是什么意思？（C）
   　　A. 她也是中国人　　　B. 她也叫王明　　　C. 她也很高兴

4. 男：你哪天有课？
   女：星期一到星期五上午都有课，星期一、三、五下午也有课。
   问：女的什么时候没有课？（B）
   　　A. 星期一上午　　　B. 星期二下午　　　C. 星期五下午

5. 男：我们学校有八百多留学生，一万三千多中国学生，你们学校有多少学生？
   女：我们学校有一万六千多中国学生，没有留学生。
   问：女的学校有多少学生？（C）
   　　A. 八百多　　　B. 一万三千多　　　C. 一万六千多

6. 男：你们班有多少个学生？
   女：我们班有八个英国人，五个法国人，三个德国人，一个加拿大人。
   问：女的班上哪个国家的人最多？（A）
   　　A. 英国　　　B. 法国　　　C. 加拿大

7. 男：星期天我去书店，你去吗？
   女：我不去书店，我去商店。
   问：男的星期天做什么？（A）
   　　A. 买书　　　B. 学习　　　C. 买东西

8. 男：我爸爸是医生，妈妈是老师。
   女：我爸爸也是医生，妈妈是商店的售货员。
   问：女的妈妈做什么工作？（C）
   　　A. 医生　　　B. 老师　　　C. 售货员

9. 男：丁荣，星期天你去哪儿？
   女：我去王明的宿舍，上午我教他法语，下午他教我汉语。
   问：星期天上午丁荣做什么？（A）
   　　A. 教法语　　　B. 学习汉语　　　C. 学习法语

10. 男：你姐姐也在中国吗？
    女：一个姐姐在中国，一个姐姐不在中国。
    问：女的有几个姐姐？（C）
    　　A. 没有　　　B. 一个　　　C. 两个

（三）听下面的短文并判断正误

1. 我叫安达，是美国留学生。中国的东西很便宜，也很好。我喜欢中国，也喜欢汉语。这是我的同学，叫波伟，他是泰国人，他也喜欢汉语，我们是同学也是好朋友。这是我的中国朋友，他叫王明，是两江大学的学生，他学习英语。星期天我去他的宿舍，上午我教他英语，下午他教我汉语。

(1) 安达有两位中国朋友。　　　　　　　　　　　　　　　　　(×)
(2) 波伟是安达的同学，也是安达的朋友。　　　　　　　　　　(√)
(3) 王明是钟山大学的学生。　　　　　　　　　　　　　　　　(×)
(4) 星期天王明去安达的宿舍。　　　　　　　　　　　　　　　(×)
(5) 安达教王明英语，王明教安达汉语。　　　　　　　　　　　(√)

2. 丁荣是英国留学生，现在在钟山大学学习汉语。她学习很努力。丁荣一周有二十五节课，星期一到星期五上午都有四节课，星期一下午有两节课，星期三下午有三节课。下午没有课的时候，她常常去图书馆。他们学校的图书馆很好，有一个很大的留学生阅览室。阅览室有很多书、报纸和杂志。丁荣常常在那儿看书、看报纸。周末的时候，丁荣不学习，她常常和朋友去玩儿。

(1) 丁荣是英国人。　　　　　　　　　　　　　　　　　　　　(√)
(2) 丁荣星期一上午有四节课。　　　　　　　　　　　　　　　(√)
(3) 星期二、四、五下午，丁荣都没有课。　　　　　　　　　　(√)
(4) 丁荣常常在留学生阅览室看书。　　　　　　　　　　　　　(√)
(5) 周末的时候，丁荣学习也很努力。　　　　　　　　　　　　(×)

二、语音语调

(一) 听后填出声母（混合练习）

féipàng	zhāoshēng	péibàn	tǎndàng
suāncài	bàomíng	shàncháng	suícóng
tiáolǐ	piànmiàn	nàoteng	dōngnán
dīngníng	chángshì	róushùn	zǒngsuàn
zìzūn	dàilǐng	bìmù	sùzào
rènzhèng	shòurè	chéngzhí	fēngpí

(二) 听后填出韵母（混合练习）

niúnǎi　　dǎoluàn　　piānpì　　mángmù

nóngtián	lǎonóng	quèqiè	jiǎoxìng
qūxiàn	xiāngquàn	xúnqiú	gēnghuàn
gāoguì	kònggào	jīngjù	zhōusuì
zhuīzōng	cānjūn	gèxìng	zhēngchǎo

（三）听后填出声调（混合练习）

xīnmíng yǎnliàng	nòngqiǎo chéngzhuō	liàoshì rúshén
yōuróu guǎduàn	shùnlì chéngzhāng	zhuàngzhì língyún
zhēnzhī zhuójiàn	chūnyì àngrán	xūhuái ruògǔ
wēnwén ěryǎ	wángyáng bǔláo	láilóng qùmài
cùnbù nánxíng	zhǐgāo qìyáng	qìguàn chánghóng
yǎnhuā liáoluàn	yǒutiáo bùwěn	zhǎngshàng míngzhū
yìzhèng cíyán	shìzài rénwéi	liàngrù wéichū

第十一课　你要这种还是要那种？

一、听力理解

（一）听下面的句子并选择正确答案

1. 这儿的苹果很便宜，十块钱三斤。
   问：苹果多少钱一斤？（A）
   A. 三块三　　　　B. 五块五　　　　C. 十块三
2. 这件衣服三百块钱？太贵了，不要。
   问：说话人买这件衣服吗？（B）
   A. 买　　　　　　B. 不买　　　　　C. 可能买
3. 我要十个本子，四支笔。
   问：她买什么？（A）
   A. 十个本子，四支笔　B. 四个本子，十支笔　C. 十个本子，十支笔
4. 面包三块五一个，牛奶一块五一瓶。
   问：买两个面包，一瓶牛奶多少钱？（C）
   A. 一块五　　　　B. 三块五　　　　C. 八块五
5. 报纸和杂志，我喜欢看中文的，不喜欢看英文的。
   问：他喜欢看什么？（B）
   A. 英文报纸　　　B. 中文杂志　　　C. 英文杂志

215

6. 师傅，我要一瓶可乐。
   问：这个人做什么？（A）
   A. 买可乐　　　　　　B. 找师傅　　　　　　C. 喝可乐

7. 这三支黑色的笔都是姐姐的，我的是红的和黄的。
   问：姐姐的笔是什么颜色的？（C）
   A. 红的　　　　　　　B. 黄的　　　　　　　C. 黑的

8. 我给售货员五十块钱，他找我二十一。
   问：他买的东西多少钱？（B）
   A. 二十一块　　　　　B. 二十九块　　　　　C. 五十块

9. 这件黄色的多少钱？
   问：她买什么？（A）
   A. 衣服　　　　　　　B. 书　　　　　　　　C. 水果

10. 今天的苹果和橘子都不太好，我们要点儿香蕉吧。
    问：她买什么？（C）
    A. 苹果　　　　　　　B. 橘子　　　　　　　C. 香蕉

（二）听下面的对话并选择正确答案

1. 男：一个面包一瓶牛奶一共四块五。
   女：再要三瓶水吧。
   问：女的不买什么？（C）
   A. 面包　　　　　　　B. 牛奶　　　　　　　C. 水果

2. 男：《汉英词典》五十八块，《英汉词典》六十一块，你要哪本？
   女：我要便宜的。
   问：女的买哪本词典？（A）
   A.《汉英词典》　　　B.《英汉词典》　　　C.《汉语词典》

3. 男：这双鞋两百块钱？便宜点儿吧。
   女：一百八给你吧。
   问：男的买这双鞋需要多少钱？（B）
   A. 108块　　　　　　B. 180块　　　　　　C. 200块

4. 男：你要哪一件？红色的还是黑色的？
   女：两件我都要。
   问：他们可能在哪儿？（A）
   A. 商店　　　　　　　B. 教室　　　　　　　C. 食堂

5. 男：我要五斤苹果。
   女：现在没有苹果，你买西瓜吧，今天的香蕉也很好。
   问：女的这儿没有什么水果？（B）
   A. 西瓜　　　　　　　B. 苹果　　　　　　　C. 香蕉

6. 男：书包多少钱一个？
   女：红色的85块钱，黄色的89块，黑色的91块。
   问：红色的书包多少钱？（A）
   A. 85块　　　　　　　B. 89块　　　　　　　C. 91块
7. 男：我要五个本子和四支笔。
   女：一共十六块钱。
   问：什么东西一共十六块钱？（C）
   A. 本子　　　　　　　B. 笔　　　　　　　　C. 本子和笔
8. 男：你们国家的水果贵吗？
   女：西瓜很贵，苹果、橘子不太贵，香蕉很便宜。
   问：女的国家什么水果贵？（A）
   A. 西瓜　　　　　　　B. 橘子　　　　　　　C. 香蕉
9. 男：红色和黄色的都不好，有黑色的吗？
   女：对不起，没有。
   问：男的喜欢什么颜色的？（B）
   A. 红色　　　　　　　B. 黑色　　　　　　　C. 黄色
10. 男：你上午去公园还是下午去公园？
    女：下午去，我上午去图书馆。
    问：女的上午去哪儿？（C）
    A. 公园　　　　　　　B. 教室　　　　　　　C. 图书馆

(三) 听下面的对话并判断正误

女：请问，这种香蕉多少钱一斤？
男：五块钱一斤。
女：有便宜点儿的吗？
男：大香蕉贵。那种小香蕉三块钱一斤。
女：我要四斤小香蕉。
男：好，四斤小香蕉。
女：给你钱。
男：这是二十块钱，找您八块。

1. 小香蕉便宜，大香蕉贵。　　　　　　　　　　　　（√）
2. 大香蕉五块五一斤。　　　　　　　　　　　　　　（×）
3. 女的买三斤小香蕉。　　　　　　　　　　　　　　（×）
4. 女的买的水果一共十二块钱。　　　　　　　　　　（√）

217

二、语音语调

（一）听后填出声母（舌面音）

jiānqiáng	jiǎoxìng	xiāngguàn	xiángjìn
qīngjìng	qǔxiāo	xǐqìng	jiǎngpǐn
juānxiàn	qióngjìn	qìxiàng	xìnjiàn
xiāngū	xuǎnxiū	jiànjiàng	quánjú
qiūqiān	qiānjū	xiángqì	jiāoqū
jiǎngjiě	xiānxuè	qíjì	xīnqíng

（二）听后填出韵母（前鼻音和后鼻音）

zuānyíng	hānchàng	zòngrán	chéngkěn
zhǔnshéng	zàntóng	zhōngcān	guāngyīn
fènyǒng	chéngrén	huāngdàn	zhēnchéng
cǎndàn	cāngsāng	fēnfāng	zhǎnwàng
zhuāngyán	fēngmǎn	xiānsheng	xiāngshān

（三）听后选择你听到的词语

1. A. bōxuē   B. bóxué   2. A. ānrán   B. ànrán
3. A. huānyíng   B. huànyǐng   4. A. qīngjìng   B. qíngjìng
5. A. chūxí   B. chúxī   6. A. tícái   B. tǐcái
7. A. qítú   B. qǐtú   8. A. chángshí   B. chángshì
9. A. chūnjié   B. chúnjié

（四）听后填出你听到的音节

1. Nín zhīdào Zhāng lǎoshī jiā de diànhuà hàomǎ ma?
2. Zuò xuéwèn yào huā gōngfu, chízhī yǐhéng, rìjī yuèlěi.
3. Zhè zhāng zhàopiàn shang méiyǒu pāizhào de shíjiān.
4. Wǒ mǎi sān zhāng bā máo qián de yóupiào.
5. Nǐ mǎshàng xiě xìn gàosu tāmen zhè jiàn shì ba.
6. Tā jīngcháng zài cāochǎng shang duànliàn shēntǐ.

第十二课　明天是中国的教师节

一、听力理解

（一）听下面的句子并选择正确答案

1. 祝你新年快乐。
    问：现在可能是什么时候？（C）
    A. 5月10号　　　　B. 8月21号　　　　C. 12月31号

2. 明天是周末，我们休息。
    问：下面哪句话对？（B）
    A. 明天是星期一　　B. 明天不上课　　　C. 明天天气很好

3. 我一九八二年三月二十六日出生。
    问：他的生日是什么时候？（A）
    A. 三月二十六日　　B. 六月二十日　　　C. 八月二十六日

4. 周末的时候，我不在食堂吃饭，我在家吃饭。
    问：他什么时候在家吃饭？（C）
    A. 星期一　　　　　B. 星期三　　　　　C. 星期六

5. 今天我过生日，妈妈送我一件衣服，爸爸送我一支笔，哥哥送我一本书。
    问：妈妈送他什么？（C）
    A. 一本书　　　　　B. 一支笔　　　　　C. 一件衣服

6. 妈妈喜欢唱歌，爸爸喜欢跳舞，我喜欢唱歌也喜欢跳舞。
    问：谁可能不喜欢跳舞？（A）
    A. 妈妈　　　　　　B. 爸爸　　　　　　C. 我

7. 今天十二月三十一号，星期三。明天是新年，我们不上课。
    问：下面哪句话不对？（C）
    A. 明天一月一号　　B. 明天休息　　　　C. 明天是周末，不上课

8. 我常常给爸爸妈妈打电话，有时候也给他们写信。
    问：下面哪句话是对的？（A）
    A. 他常常给爸爸妈妈打电话
    B. 他也常常给爸爸妈妈写信
    C. 爸爸妈妈有时候给他写信

9. 我的生日是4月17号，爸爸的生日是7月14号，妈妈的生日是10月17号。
    问：他的生日是几月几号？（A）
    A. 4月17号　　　　B. 7月14号　　　　C. 10月17号

219

10. 您知道张老师家的电话号码吗?

    问:他想知道什么?(B)

    A. 张老师的家在哪儿

    B. 张老师的电话号码

    C. 张老师家有没有电话

(二) 听下面的对话并选择正确答案

1. 男:今天21号,你什么时候去上海?

   女:一个星期以后。

   问:女的什么时候去上海?(C)

   A. 7号　　　　　　　B. 21号　　　　　　　C. 28号

2. 男:明天是我的生日,我在房间举行一个生日晚会,你也来参加吧!

   女:好,祝你生日快乐。

   问:女的明天做什么?(B)

   A. 过生日　　　　　B. 参加生日晚会　　　C. 举行生日晚会

3. 男:你们几点上课,几点下课?

   女:我们八点上课,十二点下课,十二点半吃饭。

   问:女的几点吃饭?(C)

   A. 八点　　　　　　B. 十二点　　　　　　C. 十二点半

4. 男:明天是安达的生日,我们送他什么礼物?

   女:他喜欢看书,我们送他一本书吧。

   问:他们在说什么?(A)

   A. 送朋友什么礼物　B. 去哪儿买书　　　　C. 什么时候过生日

5. 男:今天的晚会在丁荣的房间还是在安达的房间?

   女:他们的房间都比较小,在波伟的房间吧。

   问:谁的房间大?(C)

   A. 丁荣　　　　　　B. 安达　　　　　　　C. 波伟

6. 男:下课以后我去图书馆,一起去吧。

   女:我不喜欢在图书馆看书,我喜欢在宿舍看书。

   问:谁去图书馆?(A)

   A. 男的去　　　　　B. 女的去　　　　　　C. 男的、女的一起去

7. 男:我星期一、三、五上午和星期二、四下午在办公室。

   女:好,我明天下午去你的办公室找你。

   问:明天星期几?(B)

   A. 星期一　　　　　B. 星期二　　　　　　C. 星期五

8. 男：你什么时候回家？我给你打电话。
   女：我一点半上课，四点下课，你四点半以后打吧。
   问：男的可能什么时候给女的打电话？（C）
   A. 一点半　　　　　　B. 四点　　　　　　C. 五点

9. 男：你下课以后去哪儿吃饭？
   女：有课的时候去食堂吃，没有课的时候在宿舍做饭。
   问：女的在哪儿吃饭？（C）
   A. 食堂　　　　　　B. 宿舍　　　　　　C. 食堂或宿舍

10. 男：明天的晚会你参加吗？
    女：对不起，我明天晚上有课。
    问：根据对话，哪一项是错的？（B）
    A. 明天晚上有晚会
    B. 男的明天晚上有课
    C. 女的不参加晚会

（三）听下面的短文并判断正误

哥哥：

你好！你身体好吗？

今天是我的生日，早上爸爸妈妈给我打电话，祝我生日快乐。我买了很多吃的、喝的，在宿舍举行了一个生日晚会。我们班的十八个同学和老师都来参加我的生日晚会，他们祝我二十岁生日快乐。张老师送我一本汉语词典，同学们也送了很多我喜欢的礼物。我们一起唱歌、跳舞，都很高兴。

这是我第一次在中国过生日，和老师、同学一起在中国过生日，我很快乐。也祝你快乐。

安达
九月二十五日

1. 安达的生日是九月二十五日。　　　　　　　　　　　　　　　（√）
2. 安达今年十八岁。　　　　　　　　　　　　　　　　　　　　（×）
3. 安达有二十个同学。　　　　　　　　　　　　　　　　　　　（×）
4. 同学送的礼物，安达都很喜欢。　　　　　　　　　　　　　　（√）
5. 安达第一次在中国过生日。　　　　　　　　　　　　　　　　（√）

二、语音语调

(一) 听后填出声母(舌根音)

gōngkāi	gēnghuàn	kǎogǔ	kuánghuān
hǎiguān	hángkōng	gānkǔ	géhé
kònggào	kōnghǎn	hòuguǒ	huānkuài
kāngkǎi	gāoguì	kāigōng	huǐhèn
guānhuái	kēnghài	kuānkuò	huǎnhé

(二) 听后填出韵母(ü 上两点的省略)

jùjū	yuānwang	quánjú	lǜshī
xuánxué	nǚhái	yǔshuǐ	zhànlüè
yùnsòng	lüèduó	quēshǎo	nüèdài

(三) 听后填出声调

1. biānzhī   biānzhì   biǎnzhí   biànzhì
2. zhǔyì   zhùyì   zhúyī   zhúyǐ
3. biānjiè   biànjié   biànjiě   biānjié
4. bàoxiāo   bàoxiào   bāoxiāo   bàoxiǎo
5. xiǎngqǐ   xiàngqí   xiāngqì   xiǎngqì

(四) 听后填出你听到的音节

1. Wǒmen gōngsī méiyǒu wàiguó zhíyuán.
2. Xiǎo yīyuàn bú shì méiyǒu hǎo dàifu.
3. Wǒ dìdi shì Běijīng Jiāotōng Dàxué yī niánjí de xuéshēng.
4. Xuéxiào de tàijíquán bān kāishǐ bào míng le.
5. Bǐsài de shíhou wǒ gěi dàjiā shuōle yí ge xiàohua.
6. Wǒ měi tiān liù diǎn bàn qǐ chuáng.

第十三课　最近工作很忙

一、听力理解

（一）听下面的句子并选择正确答案

1. 我哥哥学习很好，身体不太好。
   问：他哥哥学习怎么样？（A）
   A. 好　　　　　　　B. 不好　　　　　　C. 不太好

2. 王老师的儿子 2004 年出生。
   问：今年是 2008 年，王老师的儿子今年多大？（A）
   A. 四岁　　　　　　B. 三岁　　　　　　C. 两岁

3. 我们班男同学多，女同学少，安达他们班也是。
   问：安达他们班怎么样？（A）
   A. 男同学多　　　　B. 女同学多　　　　C. 女老师多

4. 我爸爸每天工作 8 个小时，每个星期工作 5 天。
   问：他爸爸每个星期工作多少个小时？（C）
   A. 8 个小时　　　　B. 5 个小时　　　　C. 40 个小时

5. 我爸爸工作很忙，我妈妈工作也很忙。
   问：谁工作很忙？（C）
   A. 爸爸　　　　　　B. 妈妈　　　　　　C. 爸爸和妈妈

6. 橘子有点儿贵，我们买苹果吧。
   问：他们买橘子吗？（A）
   A. 不买　　　　　　B. 买很多　　　　　C. 买一点儿

7. 我不在食堂吃饭，我自己在宿舍做。
   问：他在哪儿吃饭？（B）
   A. 食堂　　　　　　B. 宿舍　　　　　　C. 饭店

8. 我每天上午上课，下午锻炼身体，晚上休息。
   问：我什么时候锻炼身体？（B）
   A. 上午　　　　　　B. 下午　　　　　　C. 晚上

9. 我们班有的同学学习很努力，有的同学学习不太努力。
   问：他们班的同学学习怎么样？（B）
   A. 都很努力　　　　B. 有的很努力　　　C. 都不太努力

10. 哥哥在一家公司工作，他很忙，但是他很喜欢他的工作。
    问：下面哪句话对？（C）
    A. 哥哥不喜欢他的工作　　B. 哥哥是律师　　C. 哥哥很忙

（二）听下面的对话并选择正确答案

1. 男：波伟的女朋友怎么样？
   女：很漂亮，汉语也很好。
   问：波伟的女朋友怎么样？（A）
   A. 很漂亮　　　　B. 身体很好　　　　C. 汉语不太好

2. 男：你明天有课吗？
   女：星期六没有课。
   问：今天是星期几？（A）
   A. 星期五　　　　B. 星期六　　　　C. 星期天

3. 男：你汉语怎么样？
   女：语法不错，汉字和发音不太好。
   问：女的汉语怎么样？（C）
   A. 很好　　　　B. 语法不太好　　　　C. 发音不太好

4. 男：这本词典是不是你的？
   女：我的词典是旧的，这本词典很新。
   问：这本词典是谁的？（C）
   A. 男的的　　　　B. 女的的　　　　C. 别人的

5. 男：晚上吃中国菜还是韩国菜？
   女：韩国菜有点儿辣，中国菜怎么样？
   问：他们晚上可能吃什么？（A）
   A. 中国菜　　　　B. 韩国菜　　　　C. 别的菜

6. 男：老师，我有点儿不舒服。
   女：那你先回宿舍休息吧。
   问：他们可能在哪儿说话？（A）
   A. 教室　　　　B. 宿舍　　　　C. 食堂

7. 男：你明天上什么课？
   女：我明天上午两节汉语课，三节听说课。
   问：女的明天上午一共有几节课？（C）
   A. 两节　　　　B. 三节　　　　C. 五节

8. 男：我爸爸从星期一到星期五都上班。
   女：我爸爸星期六也上班。
   问：女的爸爸什么时候上班？（B）
   A. 从星期一到星期五　　B. 从星期一到星期六　　C. 从星期五到星期六

9. 男：我给你介绍一下，这是王校长。
   女：王校长，您好。
   问：下面哪句话是对的？（B）

   A. 男的不认识王校长 B. 女的不认识王校长 C. 男的不认识女的

 10. 男：我姐姐在美国学英语，她是中国留学生。

   女：我在中国学汉语，我是美国留学生。

   问：男的姐姐是哪国人？（B）

   A. 美国   B. 中国   C. 英国

（三）听下面的对话并判断正误

  女：王老师，您好！

  男：你好！最近身体怎么样？

  女：很好，谢谢。我常常锻炼身体。

  男：你学习怎么样？

  女：汉语比较难，但是我很努力。老师，您工作忙吗？

  男：最近有点儿忙。

  女：您现在教几个班？

  男：两个班，一个是一年级三班，教口语；一个是咱们班。

  女：老师，您每个星期课很多吧？

  男：我每个星期一、三、五上午都有课。

  女：老师很辛苦。

  男：没关系。

1. 女的不常锻炼身体，但是身体很好。   （×）
2. 女的学习不努力。   （×）
3. 王老师工作比较忙。   （√）
4. 王老师教一年级三班的口语。   （√）
5. 王老师星期五没有课。   （×）

二、语音语调

（一）听后补全音节（分辨 r 声母和 y 开头的零声母音节）

rěnrǔ	ruǎnruò	yǒngyuǎn	yúyǎn
yúròu	yìyàng	réngrán	yìngyàn
róngrěn	róuruǎn	rúruò	rěnrǎn

rǎorǎng　　　yǐngyìn　　　yuèyuán　　　yāoyàn

rùnyuè　　　yuānyuán　　　yóurú　　　yínyīng

rényǐng　　　yōuyuàn　　　yóuyǒng　　　yíngrào

（二）听后填出韵母（uan 和 uen）

duànliàn　　　zūnyán　　　tūnmò　　　biānzuǎn

suànmiáo　　　cúndān　　　duānzhèng　　　záluàn

chídùn　　　lúnchuán　　　cūnzhèn　　　zǔsūn

kuīsǔn　　　dūnwèi　　　nuǎnqì　　　cúnzài

shùdùn　　　sǔnguā　　　suànpán　　　yùsuàn

（三）听后填出声调

shānchóng shuǐfù　　　jīnjīn jìjiào　　　xīnzhí kǒukuài

shǒudào qínlái　　　hánxīn rúkǔ　　　luòhuā liúshuǐ

huāhóng liǔlǜ　　　bèijǐng líxiāng　　　kūténg lǎoshù

wàngǔ liúfāng　　　diāochóng xiǎojì　　　huàshé tiānzú

shēnmóu yuǎnlǜ　　　xiùshǒu pángguān　　　xiāoyáo fǎwài

（四）听后填出你听到的音节

1. Bù jīng fēngyǔ, zhǎng bu chéng dàshù.

2. Xuéxiào shì zàojiù rén de gōngchǎng.

3. Wǒ měi tiān cóng bā diǎn dào shí'èr diǎn shàng kè.

4. Wǒ zhù bàba māma shēntǐ jiànkāng.

5. Nǐ juéde shítáng de fàncài hǎochī ma?

6. Rénshēng de suān tián kǔ là tā jīnglìle xǔduō.

（五）听后选择你听到的词语（辨声母）

1. Niánqīng rén hěn yǒu zhāoqì.

　　A. zhāoqì　　　　　　B. cháoqì

2. Zhè bú shì shíjì qíngkuàng.

　　A. xíjī　　　　　　B. shíjì

3. Ràng nǔrén hé háizi xiān chèlí.

　　A. nǔrén　　　　　　B. lǔrén

4. Niúláng hé Zhīnǚ de gùshi liúchuán hěn guǎng.
   A. Niúláng　　　　　B. Liúniáng

5. Xiǎomíng hé yéye yìqǐ chūqù wánr le.
   A. jiějie　　　　　　B. yéye

6. Lǎowáng mài guā, zì mài zì kuā.
   A. mài guā　　　　　B. mài huā

7. Qījiàng shuā qī de shuǐpíng hěn gāo.
   A. Xījiàng　　　　　B. Qījiàng

8. Shuǐhú lǐ de shuǐ bù néng hē le.
   A. Shuǐhú　　　　　B. Shuǐlú

第十四课　您在做什么？

一、听力理解

（一）听下面的句子并选择正确答案

1. 喂，你好。我是丁荣，我找波伟。
   问：谁在打电话？（A）
   A. 丁荣　　　　B. 波伟　　　　C. 别的人

2. 我同屋正在睡觉，我们说话声音小一点儿。
   问：他们正在做什么？（B）
   A. 睡觉　　　　B. 说话　　　　C. 学习

3. 我们一起学习汉语，好吗？
   问：听到这句话，你怎么回答？（A）
   A. 好　　　　　B. 不错　　　　C. 不太好

4. 我明天不去公园，王明来我房间教我汉语。
   问：他明天有空儿吗？（B）
   A. 有　　　　　B. 没有　　　　C. 有一点儿

5. 爸爸每天开车去上班，妈妈骑车去。
   问：妈妈怎么去上班？（C）
   A. 开车　　　　B. 坐车　　　　C. 骑车

6. 星期六我有时候自己做饭，有时候跟朋友去饭店。
　　问：星期六他在哪儿吃饭？（B）
　　　A. 食堂或者宿舍　　　B. 宿舍或者饭店　　　C. 饭店或者食堂
7. 明天我和王明一起坐飞机去上海，王明去上海买东西，我去上海大学看一个朋友。
　　问：王明去上海做什么？（B）
　　　A. 坐飞机　　　　　　B. 买东西　　　　　　C. 看朋友
8. 我们老师用汉语讲课，不用英语。
　　问：他们老师用什么讲课？（A）
　　　A. 汉语　　　　　　　B. 英语　　　　　　　C. 汉语和英语
9. 我们班的学生有的发音不太好，有的汉字不太好。
　　问：他们班的学生怎么样？（A）
　　　A. 发音不都很好
　　　B. 发音都不太好
　　　C. 汉字都不太好
10. 生日的时候，波伟送我一本词典，丁荣送我一件衣服。
　　问：谁过生日？（C）
　　　A. 波伟　　　　　　　B. 丁荣　　　　　　　C. 我

（二）听下面的对话并选择正确答案

1. 男：丁荣，下课以后你回宿舍吗？
　　女：我去商店买东西。
　　问：女的下课以后做什么？（B）
　　　A. 回宿舍　　　　　　B. 去商店　　　　　　C. 去书店
2. 男：那个公园风景怎么样？
　　女：很漂亮，有很多树，也有很多花。
　　问：女的没有说到公园里的什么？（A）
　　　A. 水　　　　　　　　B. 树　　　　　　　　C. 花
3. 男：你有中国朋友吗？
　　女：有。但不常跟他们聊天儿，有时候一起玩儿。
　　问：女的跟中国朋友怎么样？（B）
　　　A. 常常聊天儿　　　　B. 一起玩儿　　　　　C. 互相学习
4. 男：我们明天去公园玩儿，好吗？
　　女：明天天气怎么样？
　　问：女的明天去公园吗？（C）
　　　A. 去　　　　　　　　B. 不去　　　　　　　C. 不一定

5. 男：你出去的时候帮我买张报纸吧。
   女：好，还买别的吗？
   问：谁去买报纸？（B）
   A. 男的　　　　　B. 女的　　　　　C. 别的人

6. 男：今天是星期六，你去学校做什么？
   女：我去看我的一个学生，他最近身体不太好。
   问：女的是什么人？（A）
   A. 老师　　　　　B. 学生　　　　　C. 医生

7. 男：你在学习汉语吗？
   女：不是，我在看英文书呢。
   问：女的在做什么？（C）
   A. 学习汉语　　　B. 看中文书　　　C. 看英文书

8. 男：这个商店很好，东西很便宜，我常在这儿买东西。
   女：我也是。
   问：女的是什么意思？（C）
   A. 这个商店很好
   B. 这个商店的东西很便宜
   C. 她也常在个商店买东西

9. 男：你吃什么水果？
   女：苹果或者西瓜都可以。
   问：女的吃什么？（C）
   A. 苹果　　　　　B. 西瓜　　　　　C. 苹果或者西瓜

10. 男：这个汉字怎么读？
    女：读 fēi。
    问：这个汉字读什么？（A）
    A. fēi　　　　　B. hēi　　　　　C. pēi

（三）听下面的短文并判断正误

今天是星期五，晚上到家的时候，爸爸正在看报纸，妈妈正在做饭。我问爸爸明天有没有事儿。爸爸说，明天是星期六，不上班，但是，他打算明天和妈妈一起去商店，给妈妈买衣服。爸爸问我明天打算做什么。我说，我打算去同学家，跟同学一起做作业，一起玩儿。我告诉妈妈我的打算，妈妈也觉得很好。晚饭以后，妈妈去看电视，我和爸爸洗碗。

1. 今天是星期六。　　　　　　　　　　　　　　　　　　　　　　　　（×）
2. 爸爸和妈妈一起做晚饭。　　　　　　　　　　　　　　　　　　　　（×）

3. 爸爸明天去商店买衣服。　　　　　　　　　　（√）

4. 我明天跟同学一起去公园。　　　　　　　　　（×）

5. 晚饭以后，我不洗碗。　　　　　　　　　　　（×）

二、语音语调

（一）听后填出声母（综合练习）

bīngpiàn	bāngmáng	bēnfàng	pángbiān
pímáo	pēnfā	ménbǎn	mínfèn
fǎnbó	fúpíng	fěnmò	biànbié
pīngpāng	màomèi	fèifǔ	zìzūn
cāicè	sōusuǒ	zìcóng	zèngsòng
cuòzá	cǎisè	súzì	suícóng

（二）听后填出韵母（eng 和 ong）

dēnglong	chénggōng	chōngfēng	téngtòng
gōngshēng	fèngsòng	lěngdòng	ménglóng
zònghéng	néngdòng	péngsōng	cóngróng
zōnghóng	zhōngshēng	chēngsòng	hóngdēng

（三）听后填出声调

bǐcǎo rúyīn	xūqíng jiǎyì	miàoshǒu huíchūn
yègōng hàolóng	yōuróu guǎduàn	zìzuò zìshòu
zhōngliú dǐzhù	dìguǎng rénxī	xīnyuè chéngfú
kègǔ míngxīn	hènzhī rùgǔ	bùlǔ wéijiān
yúnzhē wùzhào	shìsǐ rúguī	róngrǔ xiéwàng

（四）听后填出你听到的音节

1. Wǒ zhèngzài kàn diànshì ne.

2. Nǐ jīntiān wǎnshang yǒu kòngr ma?

3. Wǒ hé tóngwū zài wàimiàn chī wǔfàn.

4. Wǒ xǐhuan gēn xiǎoháir yìqǐ wánr.

5. Qí zìxíngchē huòzhě zuò chē qù dōu kěyǐ.

6. Gōngyuán lǐ de fēngjǐng fēicháng hǎo.

(五) 听后选择你听到的词语（辨韵母）

1. Tā méiyǒu tōngguò jié yè kǎoshì.
   A. jié yè   B. juéyè

2. Nǐ yīnggāi nǔlì xuéxí.
   A. yīngguāi   B. yīnggāi

3. Nà ge bìngrén yìzhí gāoshāo bú tuì.
   A. gāoshāo   B. gāoxiāo

4. Hóngshuǐ zhōngyú tuìqù le.
   A. tuìquè   B. tuìqù

5. Zhè jiàn cángpǐn jiàzhí liánchéng.
   A. cánpǐn   B. cángpǐn

6. Zhè tiáo jīnyú liǎng suì le.
   A. jīnyú   B. jīngyú

7. Tā chū miàn chéngqīngle yáoyán.
   A. chénqīng   B. chéngqīng

8. Kāi huì shí tā shénqíng zhuāngzhòng.
   A. zhuānzhòng   B. zhuāngzhòng

第十五课　复习（三）

一、听力理解

（一）听下面的句子并选择正确答案

1. 晚上我很少看电视。
   问：晚上他看电视吗？（B）
   A. 常常看   B. 不常看   C. 不看

231

2. 老师常常问我身体怎么样，生活怎么样。
   问：老师常常问他什么？（A）
   A. 生活怎么样　　　B. 学习怎么样　　　C. 朋友怎么样
3. 我们班的教室有七张画儿，四张大的，三张小的。
   问：教室有几张小的画儿？（A）
   A. 三张　　　　　　B. 四张　　　　　　C. 七张
4. 我有点儿饿，我们找个饭店吧。
   问：她要做什么？（B）
   A. 找人　　　　　　B. 吃饭　　　　　　C. 买东西
5. 王老师每天骑车来学校，田老师坐车来。
   问：王老师每天怎么来学校？（C）
   A. 坐公共汽车　　　B. 坐出租车　　　　C. 骑自行车
6. 我到宿舍的时候，他正在给爸爸打电话呢。
   问：谁一定不在宿舍？（C）
   A. 我　　　　　　　B. 他　　　　　　　C. 他爸爸
7. 生日的时候，丁荣送我一瓶香水，安德送我一本书，王明送我两双中国的筷子。
   问：生日的时候，丁荣送我什么？（C）
   A. 筷子　　　　　　B. 书　　　　　　　C. 香水
8. 祝你身体健康！
   问：听到这句话，应该怎么回答？（A）
   A. 谢谢　　　　　　B. 不客气　　　　　C. 我身体很好
9. 他今年多大？
   问：听到这句话，应该怎么回答？（C）
   A. 很大　　　　　　B. 有点儿大　　　　C. 二十
10. 今天的天气有点儿热。
    问：说话人觉得今天的天气怎么样？（B）
    A. 很好　　　　　　B. 不太好　　　　　C. 不错

（二）听下面的对话并选择正确答案

1. 男：晚上一起去看电影怎么样？
   女：我晚上没有空儿。
   问：女的晚上做什么？（C）
   A. 看电影　　　　　B. 玩儿　　　　　　C. 有事
2. 男：这本英文杂志是不是你的？
   女：不是，是李明爱的，那本英文词典也是她的。
   问：李明爱有什么？（C）
   A. 英文杂志　　　　B. 英文词典　　　　C. 英文杂志和英文词典

3. 男：你喝茶还是咖啡？
   女：有可乐吗？
   问：女的喝什么？（C）
   A. 茶　　　　　　B. 咖啡　　　　　　C. 可乐

4. 男：还要别的吗？
   女：不要。
   问：说话人最有可能在什么地方？（A）
   A. 商店　　　　　B. 公园　　　　　　C. 教室

5. 男：我帮你做吧。
   女：谢谢，我自己可以。
   问：谁做这件事？（B）
   A. 男的　　　　　B. 女的　　　　　　C. 男的和女的一起

6. 男：我昨天去找你，你不在宿舍。
   女：我在教室上课。
   问：男的和女的现在最可能在做什么？（A）
   A. 打电话　　　　B. 上课　　　　　　C. 学习

7. 男：我怎么跟你联系？
   女：打电话或者来我家都可以。
   问：男的问什么？（C）
   A. 怎么去女的家　B. 怎么给女的打电话　C. 怎么找女的

8. 男：15 号是王明的生日。
   女：对，就是后天。
   问：今天几号？（A）
   A. 13 号　　　　　B. 14 号　　　　　　C. 15 号

9. 男：你明天做什么？
   女：我陪妈妈去商店买衣服。
   问：谁买衣服？（C）
   A. 男的　　　　　B. 女的　　　　　　C. 女的的妈妈

10. 男：我们在食堂吃饭还是出去吃饭？
    女：小饭店的菜很好吃，也不太贵。
    问：他们最有可能在哪儿吃饭？（B）
    A. 食堂　　　　　B. 饭店　　　　　　C. 宿舍

（三）听下面的短文并做练习

1. 听后选择

女：你看，这是我新买的自行车，怎么样？

男：不错，颜色很漂亮。
女：这种自行车有红色的，也有蓝色的，我喜欢蓝色的。
男：这种自行车一辆多少钱？
女：四百六十八。
男：有点儿贵。
女：没关系，我喜欢。

(1) 女的的自行车是什么颜色的？（C）
  A. 红色的   B. 黄色的   C. 蓝色的
(2) 女的的自行车多少钱？（B）
  A. 六百四十八 B. 四百六十八 C. 八百四十六
(3) 男的觉得女的的自行车贵吗？（B）
  A. 不太贵   B. 有点儿贵 C. 非常贵

2. 听后判断

  我们班有十七个学生，有的是亚洲人，有的是欧洲人，还有的是非洲人。我们每天上午一起上汉语课，下课以后回宿舍。我们都在留学生宿舍楼住，有的住六楼，有的住七楼，有的住八楼。没有课的时候，我常常去同学的宿舍，我的同学也常常来我的房间。我们一起做饭，一起玩儿，也一起学习汉语。我还和我的同学一起锻炼身体，一起打球。我们都是好朋友。

(1) 我们班有十七个国家的同学。   （×）
(2) 我们班的同学都住留学生宿舍楼。   （√）
(3) 有的同学住五楼。   （×）
(4) 我不常去同学的房间。   （×）
(5) 我的同学常来我的房间。   （√）
(6) 我常常和我的同学一起玩儿。   （√）

二、语音语调

（一）选择你听到的词语

1. Tāmen cóng diànyǐngyuàn chūlai le.
  A. cónglái   B. chūlai
2. Wǒmen zài jiàoshì jìxù xuéxí.
  A. zhìxù   B. jìxù

3. Fùmǔ duì háizi de xīwàng hěn dà.

   A. xīwàng   B. shīwàng

4. Zhōngguórén de rénmíng hěn yǒu yìsi.

   A. rénmín   B. rénmíng

5. Tā de yāoqiú wǒ bù hǎo jùjué.

   A. jiějué   B. jùjué

6. Zhèxiē rén shēnghuán de xīwàng hěn xiǎo.

   A. shēnghuó   B. shēnghuán

7. Tā de yīshēng hěn búxìng.

   A. bùxíng   B. búxìng

8. Shíjiàn shì jiǎnyàn zhēnlǐ de wéiyī biāozhǔn.

   A. shíjiān   B. shíjiàn

9. Nǐ de zuòwén hěn búcuò.

   A. zuòwéi   B. zuòwén

10. Zhè zhǒng xīnxíng de qìchē fēicháng hǎo mài.

    A. xīnxīng   B. xīnxíng

(二) 选择你听到的句子

1. A. Zhè jiàn shì nǐ bù néng tuīcí.
   B. Zhè jiàn shì nǐ bù néng tuīchí.

2. A. Nà ge lǎowài hěn xǐhuan zhōngguó de jīngjù.
   B. Nà ge lǎowài hěn xǐhuan zhōngguó de qīngjù.

3. A. Nǐ de dōngxi shǎo bu liǎo.
   B. Nǐ de dōngxi xiǎo bu liǎo.

4. A. Bàba duì wǒ de yǐngxiǎng hěn dà.
   B. Bàba duì wǒ de yìnxiàng hěn dà.

5. A. Yánjiū bú shì shénme hǎo dōngxi.
   B. Yānjiǔ bú shì shénme hǎo dōngxi.

6. A. Lùdēng liàng de shíhou cái kěyǐ tōngxíng.
   B. Lǜdēng liàng de shíhou cái kěyǐ tōngxíng.

7. A. Tāmen bù zhīdào zài nǎr.
   B. Dàmén bù zhīdào zài nǎr.

8. A. Tā bǎ háizi jǐnjǐn lǒu zài huái lǐ.

   B. Tā bǎ háizi jǐnjǐn lǒng zài huái lǐ.

（三）听后标出画线词语的声调

1. Nǐ jīnnián duō dà?
2. Nǐ zuìjìn xuéxí zěnmeyàng?
3. Yǒude tóngxué hěn xǐhuan chī Zhōngguócài.
4. Wǒ zài Zhōngguó shēnghuó hěn hǎo.
5. Hànyǔ hěn nán, yě hěn yǒu yìsi.
6. Wǒmen yìqǐ qù gōngyuán wánr, hǎo ma?
7. Gōngyuán lǐ fēngjǐng hěn piàoliang.
8. Wǒ dōu shì qù yī lóu de wǎngbā shàng wǎng.
9. Wǒ zhōumò zǒngshì shuì jiào.
10. Wǒ jīngcháng qǐng tā bāng wǒ mǎi zǎofàn.
11. Gōngsī pài tā qù Měiguó gōngzuò.
12. Tā chángcháng hé wàiguórén yòng Yīngyǔ liáo tiān.

（四）听后画出句子的重音

1. 我今年十九岁。
2. 妈妈最近身体不太好。
3. 你喝不喝水？
4. 帮我买张报纸，好吗？
5. 我们几点去吃午饭？
6. 我们坐飞机去吧。
7. 老师正在准备明天的课。
8. 我在我的房间举行生日晚会。

（五）听写句子

1. 我一九八七年出生。
2. 哥哥工作有点儿忙。
3. 我们怎么去那儿？
4. 我们一起去公园玩儿，好吗？
5. 朋友给我打电话。
6. 今天二十八号，星期六。
7. 他正在听音乐呢。
8. 一共一百四十四块钱。

听力录音文本与参考答案

第十六课　你辅导他汉语，怎么样？

一、听力理解

（一）听下面的句子并选择正确答案

1. 我下午复习旧课，锻炼身体，晚上看电视，预习新课。
   问：他晚上做什么？（B）
   A. 复习旧课　　　　　B. 预习新课　　　　　C. 锻炼身体
2. 我有时候去网吧上网，有时候去图书馆上网。
   问：他在哪儿上网？（C）
   A. 网吧　　　　　　　B. 图书馆　　　　　　C. 网吧或者图书馆
3. 我用电脑写信，不用笔写信。
   问：他怎么写信？（A）
   A. 用电脑　　　　　　B. 用笔　　　　　　　C. 用纸
4. 我住1101房间，1011是丁荣的房间。
   问：他住哪个房间？（B）
   A. 1011　　　　　　　B. 1101　　　　　　　C. 1110
5. 我经常看英文电影，不常看中文电影和中文电视。
   问：他经常看什么？（A）
   A. 英文电影　　　　　B. 中文电影　　　　　C. 中文电视
6. 今天下午我有事，没有事的时候我常常锻炼身体。
   问：他今天下午锻炼身体吗？（B）
   A. 锻炼　　　　　　　B. 不锻炼　　　　　　C. 不一定
7. 现在差五分八点，你十分钟以后来吧。
   问：他几点来？（B）
   A. 七点五十五分　　　B. 八点零五分　　　　C. 八点十分
8. 我喜欢吃中国菜，你呢？
   问：听到这句话，你怎么回答？（C）
   A. 中国菜很好吃　　　B. 中国菜不太贵　　　C. 我也喜欢吃中国菜
9. 我们上午八点上课，十一点五十下课。
   问：他们上午上几个小时课？（C）
   A. 4个小时10分钟　　 B. 4个小时　　　　　 C. 3个小时50分钟

237

10. 王医生呢?

　　问：这句话的意思是什么?（B）

　　A. 王医生是谁　　　　B. 王医生在哪儿　　　　C. 王医生在做什么

（二）听下面的对话并选择正确答案

1. 男：你常常在网上看新闻吗?

　　女：我常常在电视上看新闻，上网发 E-mail。

　　问：女的常常上网做什么?（B）

　　A. 看新闻　　　　　　B. 发 E-mail　　　　　　C. 看电视

2. 男：现在几点?

　　女：差十分八点。

　　问：现在几点?（A）

　　A. 七点五十　　　　　B. 八点　　　　　　　　C. 八点十分

3. 男：火车几点开?

　　女：十一点四十，还有半个小时呢。

　　问：现在几点?（B）

　　A. 十一点四十　　　　B. 十一点十分　　　　　C. 十二点十分

4. 男：你用筷子吃饭还是用勺子吃饭?

　　女：以前用勺子吃饭，现在我用筷子吃饭。

　　问：女的现在用什么吃饭?（A）

　　A. 筷子　　　　　　　B. 勺子　　　　　　　　C. 筷子和勺子

5. 男：没课的时候我跟朋友一起玩儿，你呢?

　　女：我在宿舍休息。

　　问：没课的时候，男的做什么?（A）

　　A. 玩儿　　　　　　　B. 休息　　　　　　　　C. 学习

6. 男：喂，你好，请问张兰在家吗?

　　女：这儿没有张兰。

　　问：下面哪句话对?（C）

　　A. 张兰在家　　　　　B. 张兰不在家　　　　　C. 女的不认识张兰

7. 男：请问张老师在吗?

　　女：他在112办公室。

　　问：下面哪句话对?（A）

　　A. 男的找张老师

　　B. 女的在112办公室

　　C. 张老师不在办公室

8. 男：你知道田老师家的电话号码吗？
   女：知道，83706245。
   问：田老师家的电话号码是多少？（B）
   A. 83106245　　　　　B. 83706245　　　　　C. 83709245
9. 男：你周末常常做什么？
   女：有时候出去玩儿，有时候在宿舍休息，有时候去别的大学看朋友。
   问：女的周末不常做什么？（A）
   A. 学习　　　　　　　B. 休息　　　　　　　C. 玩儿
10. 男：你看看这台电脑怎么样？
    女：很漂亮，我们用一下试试吧。
    问：他们可能在做什么？（C）
    A. 学电脑　　　　　　B. 用电脑　　　　　　C. 买电脑

（三）听后填空

1. 我下课以后<u>复习</u>课文，<u>预习</u>生词。
2. 宿舍没有<u>电脑</u>，我在网吧上网。
3. 我<u>周末</u>都是十一点起床。
4. 我<u>经常</u>请他<u>帮</u>我买早饭。
5. 他<u>大概</u>九点钟又<u>开始</u>学习汉语。
6. 我去操场锻炼身体，有时候<u>跑步</u>，有时候打球。

（四）听后判断

1.
男：现在几点？
女：差十分十二点。
男：你饿吗？我们找个地方吃饭吧！
女：好。去哪儿吃？
男：下午一点半上班，我们可能没有时间去饭店吃。
女：没关系，我们不去饭店，我们去小饭馆儿吃面条儿，怎么样？
男：好，前边就有一家面馆儿。

（1）现在十二点十分。　　　　　　　　　　　　　　　　　　　　（×）
（2）女的现在不想吃饭。　　　　　　　　　　　　　　　　　　　（×）
（3）男的和女的下午一点半上课。　　　　　　　　　　　　　　　（×）
（4）他们打算去饭店吃饭。　　　　　　　　　　　　　　　　　　（×）
（5）他们打算去吃面条儿。　　　　　　　　　　　　　　　　　　（√）

2.

我叫王明，是两江大学的学生。我住学生宿舍楼412房间。我平常都是七点起床，有课的时候，七点四十去教室；没有课的时候，大概八点或者八点半去图书馆看书、学习。我中午十二点去食堂吃午饭。下午有课的时候，我一点二十去上课；下午没有课的时候，我喜欢在宿舍里睡睡觉，听听音乐，洗洗衣服。晚上没有课，我有时候去学校的网吧上上网，有时候去教室自己学习，看看书，做做作业。

（1）王明住宿舍楼214房间。　　　　　　　　　　　　　　（×）
（2）王明有课的时候七点起床，没课的时候起床比较晚。（×）
（3）王明每天上午都有课。　　　　　　　　　　　　　　　（×）
（4）王明有的时候下午也有课。　　　　　　　　　　　　　（√）
（5）王明下午没课的时候常常在宿舍。　　　　　　　　　　（√）
（6）王明晚上有时候上网，有时候做作业。　　　　　　　　（√）

二、语音语调

（一）听后填出声母（综合练习）

dàodá	tuŏtiē	niúnǎi	láolèi
diànnǎo	dàilǐng	tèdiǎn	tóngnián
tiělù	nüèdài	niántǔ	nèiluàn
lǎnduò	léitóng	liǎngnán	yínxìng
zhīzhù	chēchuáng	shuìshōu	róngrén
zhèngcháng	zhìshǎo	zhuīrèn	cházhōng

（二）听后填出韵母（ing 和 iong）

yòngbīng	yīngxióng	yīngyǒng	dǐngyòng
xióngxìng	píngyōng	xíngxiōng	xióngyīng
xiōngjīng	jiǒngjiǒng	pīngtíng	míngxīng
bīngjīng	língxīng	xiōngyǒng	qióngxiōng

（三）听后填出声调（混合练习）

méifēi sèwǔ　　　　héfēng xìyǔ　　　　xīnmǎn yìzú
yǎnhuā liáoluàn　　xūhuái ruògǔ　　　wénguò shìfēi

zhēnzhī zhuójiàn　　jiǎoróu zàozuò　　wòxīn chángdǎn
wàngyáng xīngtàn　　jísī guǎngyì　　àntú suǒjì
lìwǎn kuánglán　　jīnjīn jìjiào　　hújiǎ hǔwēi

（四）听后填出你听到的音节

1. Wǒ xià kè yǐhòu fùxí kèwén, yùxí shēngcí.

2. Wǒ píngcháng xǐhuan pǎo bù, yě xǐhuan dǎ qiú.

3. Wǒ yìbān liù diǎn bàn qǐ chuáng, qī diǎn bàn qù jiàoshì shàng kè.

4. Méiyǒu kè de shíhou, wǒ xǐhuan tīngting yīnyuè, shàng shang wǎng.

5. Wǒ zhōumò chángcháng shuì jiào.

6. Wǒ wǎnshang dàgài jiǔ diǎn cái kāishǐ zuò zuòyè.

（五）听后选择你听到的词语（辨声调）

1. Tā xiànzài de shēncái hǎo de hěn.
   A. shēncái　　B. shéncǎi

2. Wǒmen de jiàoshì zài nǎr?
   A. jiàoshī　　B. jiàoshì

3. Zhè ge yùyán gùshi hěn yǒu dàolǐ.
   A. yǔyán　　B. yùyán

4. Tāmen yǐjīng chūfā le.
   A. chūfā　　B. chǔfá

5. Nǐ tīngdào shénme fēngshēng le ma?
   A. fēngshèng　　B. fēngshēng

6. Shìshí jiù shì zhèyàng.
   A. Shìshí　　B. Shíshì

7. Zhè ge bànfǎ kěyǐ jiějué wèntí.
   A. bānfā　　B. bànfǎ

8. Chéngshì de fēngjǐng bié yǒu tèsè.
   A. Chéngshí　　B. Chéngshì

9. Núlì de shēnghuó shuǐshēn huǒrè.
   A. Nǔlì　　B. Núlì

10. Wǒ yǒngyuǎn wàngbuliǎo nǐ zhè ge Zhōngguó péngyou.
    A. yǒngyuǎn　　B. yǒngyǎn

第十七课　我们国家离中国很远

一、听力理解

（一）听下面的句子并选择正确答案

1. 一个信封五角钱，我买四个信封、六张三角钱的邮票。
   问：他一共花多少钱？（C）
   A. 五角钱　　　　　B. 两块四　　　　　C. 三块八

2. 食堂在操场东边儿，不在西边儿，西边儿是宿舍。
   问：宿舍在哪儿？（C）
   A. 操场的东边儿　　B. 食堂的东边儿　　C. 操场的西边儿

3. 留学生楼里有阅览室、教室，一楼有一个小超市。
   问：留学生楼里没有什么？（A）
   A. 水果店　　　　　B. 阅览室　　　　　C. 教室

4. 小姐，请问，杯子在哪儿？
   问：说话人在哪儿？（B）
   A. 宿舍　　　　　　B. 商店　　　　　　C. 教室

5. 这儿不是出租车站，是公共汽车站，你往前走50米。
   问：下面哪句话是对的？（C）
   A. 他在等公共汽车
   B. 他在问公共汽车站在哪儿
   C. 出租车站离公共汽车站 50 米

6. 学校里边儿有个小邮局，小邮局里的人比较多，我喜欢去学校对面的大邮局。
   问：下面哪种说法是对的？（C）
   A. 学校里边儿的邮局比较大
   B. 学校对面的邮局人比较多
   C. 我经常去学校对面的邮局

7. 第一食堂的饭菜又贵又不好吃，第七食堂的饭菜又便宜又好吃。
   问：第一食堂的饭菜怎么样？（B）
   A. 贵但是好吃　　　B. 又贵又不好吃　　C. 便宜但是不好吃

8. 银行就在学校附近，离学校大概四五百米。
   问：银行离学校多远？（B）
   A. 一百米　　　　　B. 四五百米　　　　C. 九百米

9. 一年级的教室不在这层楼,在三楼,你往上走一层。

问:他现在在几楼?(B)

A. 一楼　　　　　　B. 二楼　　　　　　C. 三楼

10. 明天上午我从八点到十二点上课,十二点半去食堂吃饭,下午一点半到五点半上课。

问:他什么时候可能在宿舍?(B)

A. 上午九点　　　　B. 中午十二点一刻　　C. 下午一点半

(二)听下面的对话并选择正确答案

1. 男:你知道食堂在哪儿吗?
   女:从这儿一直往前走,到宿舍楼往左拐,留学生楼下边儿就是。
   问:食堂在哪儿?(A)
   A. 留学生楼下边儿　　B. 宿舍楼下边儿　　C. 留学生楼上边儿

2. 男:学校里边儿的超市有水果吗?
   女:那儿的水果不太多,你去外边儿的超市买吧。
   问:男的可能去哪儿买水果?(B)
   A. 学校里边儿的水果店　　B. 学校外边儿的超市　　C. 学校里边儿的超市

3. 男:请问,王老师住在这儿吗?
   女:这儿是黄老师的家,王老师住在楼上。
   问:王老师住在哪儿?(A)
   A. 黄老师楼上　　B. 黄老师楼下　　C. 黄老师对面

4. 男:我们晚上去吃面条儿还是去吃饺子?
   女:饺子好吃,但是人比较多。还是吃面条儿吧。
   问:从对话中,我们可以知道什么?(A)
   A. 女的不喜欢人多的地方　　B. 女的喜欢吃面条儿　　C. 吃饺子的人不多

5. 男:小黄买的那件衣服不太好看。
   女:但是比较便宜。
   问:那件衣服怎么样?(A)
   A. 不太好看但是便宜　　B. 又好看又便宜　　C. 不贵也不便宜

6. 男:丁医生家的电话号码是 83695700 吗?
   女:不是,那是李医生家的号码,丁医生的是 86395700。
   问:丁医生家的电话号码是多少?(B)
   A. 83695700　　　　B. 86395700　　　　C. 86395100

7. 男:这是外文楼吗?
   女:不是,外文楼在数学楼和化学楼的中间,图书馆的后边儿。
   问:外文楼在哪儿?(C)
   A. 数学楼和图书馆的中间

B. 图书馆和化学楼的中间

C. 图书馆的后边儿

8. 男：你看，那个白色的楼就是邮局，医院就在邮局西面。

   女：谢谢。

   问：女的打算去哪儿？（B）

   A. 银行　　　　　　　　B. 医院　　　　　　　　C. 白色的楼

9. 男：明天我们去公园玩儿，你去吗？

   女：明天我有事，后天吧。

   问：女的什么时候有空儿？（C）

   A. 今天　　　　　　　　B. 明天　　　　　　　　C. 后天

10. 男：请问，人民医院在哪儿？

    女：一直走，到第二个红绿灯往左拐。

    问：去人民医院怎么走？（A）

    A. 在第二个红绿灯那儿往左拐

    B. 在第二个红绿灯那儿往右拐

    C. 在第一个红绿灯那儿往左拐

（三）听后填空

1. 一直往南走，到第二个红绿灯那儿往右拐。

2. 食堂在留学生宿舍的旁边。

3. 下课后我经常去体育馆锻炼身体。

4. 这件衣服又便宜又漂亮。

5. 阅览室离宿舍大概三四百米。

（四）听后做练习

1. 听后判断

   男：我的书呢？

   女：是不是在你的桌子上？

   男：不在，桌子上没有。

   女：在不在书架上？

   男：也不在。

   女：你在别的地方找找。看看你的书包里有没有。

   男：啊，在这儿，在我书包里。

   (1) 女的知道男的书在哪儿。　　　　　　　　　　　　　　　　　　（✗）

   (2) 男的的书不在书架上。　　　　　　　　　　　　　　　　　　　（✓）

2. 听后选择

张老师是我们的汉语老师，她住在学校的教师宿舍。星期天，她请我们去她家玩儿。下课后，我们问张老师她的宿舍在哪儿，张老师告诉我们她的宿舍不远，从上课的楼一直往南走，到化学楼往右拐，再往前走一百米，就是教师宿舍楼，她的宿舍号码是2号楼405。她说她在家等我们。

（1）我们什么时候去张老师家玩儿？（B）

    A. 下课后   B. 星期天   C. 明天

（2）张老师住在哪儿？（C）

    A. 教师宿舍2号楼504

    B. 学生宿舍1号楼404

    C. 教师宿舍2号楼405

二、语音语调

（一）选择你听到的词语

1. A. <u>miàndiǎn</u>   B. miǎntiǎn   2. A. jìnkuàng   B. <u>jìngkuàng</u>

3. A. <u>juésài</u>   B. juésuàn   4. A. <u>bànyuè</u>   B. bànyè

5. A. <u>fānkāi</u>   B. fēnkāi   6. A. xiàole   B. <u>xiūle</u>

7. A. <u>yǒuquán</u>   B. yǒuqián   8. A. yángqún   B. <u>yángqín</u>

9. A. <u>xīnlǐ</u>   B. xínglǐ   10. A. qīnbǐ   B. <u>xīnmǐ</u>

（二）选择你听到的句子

1. A. Zhè shì yí ge <u>quézi</u>.
   B. Zhè shì yí ge <u>qiézi</u>.

2. A. Zhè ge dìfang hěn jìn.
   B. <u>Zhè ge dìfang hěn jìng.</u>

3. A. <u>Wǒ de běnzi zài nàr.</u>
   B. Wǒ de bǎnzi zài nàr.

4. A. Wǒmen zǒu nǎ tiáo lù?
   B. <u>Wǒmen zǒu nà tiáo lù.</u>

5. A. Tā de yǎnjing bú tài hǎo.

   B. Tā de yǎnjìng bú tài hǎo.

6. A. Tā méiyǒu cā shǒu.

   B. Tā méiyǒu chā shǒu.

7. A. Wǒ qù guān chuāng.

   B. Wǒ qù guāngguāng.

8. A. Wǒ méiyǒu nàme duō máobǐ.

   B. Wǒ méiyǒu nàme duō mǎpǐ.

9. A. Wǒ de bóbo shì yí ge jīnglǐ.

   B. Wǒ de pópo shì yí ge jīnglǐ.

10. A. Tā jīngcháng hé wǒ zài wǎng shang liáo tiānr.

    B. Tā jīngcháng hé wǒ zài wǎnshàng liáo tiānr.

（三）听后标出画线词语的声调

1. Nǐ zhīdao wǎngbā zài nǎr ma?

2. Shítáng zài cāochǎng dōngbianr.

3. Yìzhí zǒu, búyào guǎi wānr.

4. Cóng sùshè dào jiàoshì hěn yuǎn.

5. Nánjīng lí Shànghǎi bú tài jìn.

6. Xuéxiào fùjìn yǒu ge xiǎo shūdiàn.

7. Sùshè zài shítáng hé túshūguǎn zhōngjiān.

8. Xuéxiào dào wǒ jiā dàgài yǒu sì-wǔ bǎi mǐ.

9. Wǒ méiyǒu shíjiān cānjiā shíjiàn.

10. Jiàoshì li yǒu hěn duō jiàoshī.

（四）听后画出句子的重音

1. 学校就在马路的左边儿。

2. 从宿舍到食堂只要五分钟。

3. 中国离泰国不太远。

4. 邮局的旁边有一家银行。

5. 车站在银行和医院的中间。

6. 阅览室北边儿就是操场。

第十八课 你的爱好是什么？

一、听力理解

（一）听下面的句子并选择正确答案

1. 丁荣对中国文化很感兴趣，又会画中国画，又会唱中文歌。
   问：从这句话中，我们可以知道丁荣爱怎么样？（A）
   A. 很喜欢中国文化
   B. 中文歌唱得很好
   C. 中国画画得很好

2. 李明爱韩国菜做得很好吃，中国菜做得还可以。现在，她正在学做西餐。
   问：李明爱什么菜做得很好吃？（B）
   A. 中国菜　　　　　B. 韩国菜　　　　　C. 西餐

3. 安达每天起床很早，但是去教室去得很晚。
   问：关于安达，下面哪句话是对的？（A）
   A. 起得早，去教室去得晚
   B. 起得晚，去教室去得早
   C. 起得晚，去教室去得晚

4. 李明爱喜欢看电影，但是，她觉得电影院里人很多，所以，她很少去电影院。
   问：下面哪句话是对的？（C）
   A. 李明爱喜欢去电影院看电影
   B. 去电影院里看电影的人不多
   C. 李明爱很少去电影院看电影

5. 波伟会法语，不会英语。丁荣会英语，不会法语。
   问：谁不会英语？（A）
   A. 波伟　　　　　B. 丁荣　　　　　C. 波伟和丁荣

6. 安德喜欢看小说，英文的、中文的，他都看。他看英文小说看得很快，一天可以看一本。
   问：关于安德，下面哪句话是错的？（A）
   A. 一天可以看一本中文小说
   B. 看英文小说看得很快
   C. 喜欢看中文小说

7. 波伟一分钟可以写五十个汉字，丁荣两分钟才写五十个汉字。
   问：丁荣一分钟可以写多少个汉字？（A）
   A. 二十五　　　　　B. 五十　　　　　C. 一百

247

8. 今天晚上波伟冷的东西吃得太多，有点儿不舒服，现在在宿舍休息呢。
   问：关于波伟，我们知道什么？（C）
   A. 晚饭吃得太多　　　　B. 不喜欢吃冷的东西　　C. 波伟身体不舒服
9. 你去图书馆的时候能不能给我借一本书？
   问：说话人是什么意思？（A）
   A. 请人帮他借书　　　　B. 请人帮他买书　　　　C. 给人看他的书
10. 这一次我可以帮你，但是下一次，你自己做。
   问：说话人是什么意思？（B）
   A. 你自己做，我不能帮你
   B. 我可以帮你这一次
   C. 我可以一直帮你

（二）听下面的对话并选择正确答案

1. 男：你什么时候能去公司？
   女：我星期一打算去商店，星期二打算去银行，星期三可以。
   问：女的什么时候去公司？（C）
   A. 星期一　　　　　　　B. 星期二　　　　　　　C. 星期三
2. 男：明天是波伟的生日，我送他一本书吧。
   女：我听安达说，丁荣打算送他书，你送别的吧。
   问：谁送波伟书？（A）
   A. 丁荣　　　　　　　　B. 安德　　　　　　　　C. 安达
3. 男：听说学校大门口有一家新超市，我们去看看吧。
   女：那家超市东西不便宜，我知道学校后门有一家很不错，我们去那家吧。
   问：女的打算去哪个超市？（C）
   A. 学校前面的　　　　　B. 学校里面的　　　　　C. 学校后门的
4. 男：明天的考试你准备得怎么样？
   女：语法准备得不错，但是口语准备得不怎么样。
   问：这次考试，女的准备得怎么样？（C）
   A. 语法准备得不好，口语准备得比较好
   B. 语法和口语准备得都很好
   C. 语法准备得很好，口语准备得不好
5. 男：雨下得很大，你等一会儿再走吧。
   女：从这儿到我家就五分钟。
   问：下面哪句话是对的？（A）
   A. 女的的家离这儿很近
   B. 女的喜欢下雨
   C. 雨下得不太大

6. 男：小李，你能告诉我王老师家怎么走吗？
   女：我也不知道，你去问小张吧，她每个老师家的地址都知道。
   问：女的是什么意思？（B）
   A. 她知道王老师家在哪儿
   B. 小张知道王老师的地址
   C. 小李知道的事很多

7. 男：明天有个中国画展览，不知道丁荣能不能和我一起去看。
   女：你不请她，她也一定去。
   问：女的是什么意思？（C）
   A. 丁荣不能去　　　B. 丁荣画画儿不错　　　C. 丁荣喜欢中国画

8. 男：今天你来开车吧。
   女：不行，我开得不快。你开得快，你来。
   问：下面哪句话可能是对的？（C）
   A. 今天女的开车　　　B. 女的开车开得好　　　C. 男的开车开得快

9. 男：你知道王老师住哪儿吗？
   女：我不知道，但是我有他家的电话号码，你可以打电话问问。
   问：男的问女的什么？（A）
   A. 王老师家的地址　　　B. 王老师的电话号码　　　C. 王老师办公室的电话

10. 男：你晚上常常做什么？
    女：我常常看书，听音乐，不看电视，也很少看电影。
    问：女的不常做什么？（C）
    A. 看书　　　　　B. 看电视　　　　　C. 看电影

（三）听后填空

1. 哥哥的语法学得<u>比较好</u>，弟弟的发音学得<u>很不错</u>。
2. 波伟一分钟<u>可以写五十个汉字</u>。
3. 丁荣觉得自己的汉语说得<u>不太好</u>。
4. 你能告诉我王老师家的<u>地址</u>吗？
5. 我<u>不喜欢</u>每天都在宿舍学习。

（四）听后做练习

1. 听后判断

   女：在中国，骑自行车的人很多。
   男：是的，中国人很多家都有两三辆自行车。
   女：是吗？中国人为什么喜欢骑自行车？
   男：骑自行车又快又方便，所以大家都喜欢。

女：我不会骑自行车，你能不能教我？
男：可以啊，但是最近我比较忙，以后有时间再教你吧。

（1）中国人每家都有一辆自行车。　　　　　　　　　　　　（×）
（2）女的是中国人。　　　　　　　　　　　　　　　　　　（×）
（3）男的打算教女的骑车。　　　　　　　　　　　　　　　（√）
（4）男的最近没有时间。　　　　　　　　　　　　　　　　（√）

2. 听后选择

昨天晚上我去看朋友，很晚才回宿舍。晚上天气很冷，我穿得有点儿少，今天早上头很不舒服，所以，我就在宿舍休息。今天晚上的晚会我也不能参加了。晚上，安达来我宿舍看我。他告诉我好好在宿舍休息，他可以帮我复习。我非常高兴，一直对他说"谢谢"。

（1）她的头为什么会不舒服？（B）
　　　A. 晚上睡得很晚　　　B. 衣服穿得很少　　　C. 学习学得很累
（2）她为什么对安达说"谢谢"？（C）
　　　A. 安达来宿舍看她
　　　B. 安达告诉她不用参加晚会
　　　C. 安达可以帮她复习

二、语音语调

（一）选择你听到的词语

1. A. yìqǐ　　　　B. yìqí　　　　2. A. xiànzài　　B. qiánzài
3. A. zěnme　　　B. zánmen　　　4. A. xuéxí　　　B. xuèxǐ
5. A. liànxí　　　B. liánxì　　　6. A. pùbù　　　B. pòbù
7. A. nǎonù　　　B. lǎolù　　　　8. A. shìxiān　　B. shíxiàn
9. A. zhīshi　　　B. zīshì　　　　10. A. pānyán　　B. pānyuán

（二）选择你听到的句子

1. A. Zhè cái shì wǒ de shǒujī.
　　B. Zhè cái shì wǒ de shōují.

2. A. Wǒ de biǎodiàn zài nàr.
   B. Wǒ de biǎodài zài nàr.

3. A. Wǒmen dōu guānxīn xuéyè.
   B. Wǒmen dōu guānxīn xuèyè.

4. A. Tāmen dōu xiǎng xiūxi le.
   B. Tāmen dōu xiǎng xuéxí le.

5. A. Tā wǎnshang yídìng huì lái.
   B. Tā wǎnshang yídìng huílai.

6. A. Tāmen méiyǒu zhǔnbèi xiānhuā.
   B. Tāmen méiyǒu zhǔnbèi xiàn huā.

7. A. Bǎo mìng hěn zhòngyào.
   B. Bào míng hěn zhòngyào.

8. A. Tā de zuǒbian yǒu zhī húdié.
   B. Tā de zuǒjiān yǒu zhī húdié.

9. A. Wǒ kànjiàn yī zhī fènghuáng.
   B. Wǒ kànjiàn yì zhī fēngwáng.

10. A. Bù zhīdào nǎ ge jiàoshì shì tāmen de.
    B. Bù zhīdào nǎ ge jiàoshī shì tāmen de.

（三）听后标出画线词语的声调

1. Xiànzài néng shàng kè le ma?
2. Qǐng dàjiā bú yào shuō huà.
3. Zuótiān nǐ zěnme méi qu shàng kè?
4. Wǒ xiǎng gēn tā xué tàijíquán.
5. Xiànzài kěyǐ bu kěyǐ kàn shū?
6. Tā hěn yuànyì jiāo wǒ shūfǎ.
7. Nǐ xiǎng bu xiǎng qù shāngdiàn?
8. Nán yǎnyuán yǎn de bú tài hǎo.
9. Tā de Fǎyǔ yǔfǎ jìnbù hěn kuài.
10. Dàyí zuò de dàiyú hěn hǎochī.

（四）听后画出重音

1. 你怎么不去他家啊？
2. 他语法学得好，发音学得不太好。
3. 他舞跳得非常好。
4. 你的汉语怎么这么好？
5. 你们想不想去公园散步？
6. 听说王老师英语说得很不错。

第十九课　你想要哪种电脑？

一、听力理解

（一）听下面的句子并选择正确答案

1. 波伟让我帮他找个中国朋友。
   问：谁要找中国朋友？（A）
   A. 波伟　　　　　B. 我　　　　　C. 别的人
2. 明天是王明的生日，他请我和安德去他的房间玩儿。
   问：明天他们在谁的房间玩儿？（C）
   A. 我　　　　　　B. 安德　　　　C. 王明
3. 安德喜欢运动，李明爱喜欢做饭，波伟对画画儿很感兴趣。
   问：这句话谈论的是什么？（C）
   A. 运动　　　　　B. 吃饭　　　　C. 爱好
4. 我的朋友也想来这儿学习汉语，我要去办公室帮她问问。
   问：他的朋友想做什么？（A）
   A. 来学汉语　　　B. 去办公室　　C. 问老师问题
5. 王平对人很热情，常常帮助别人，所以大家都愿意跟他交朋友。
   问：关于王平，下面哪句话没有提到？（B）
   A. 很愿意帮助别人　B. 喜欢交朋友　C. 大家都很喜欢他
6. 我最近身体不太好，医生让我多休息，不要太累，也不要锻炼身体。
   问：医生让我怎么做？（B）
   A. 锻炼身体　　　B. 多休息　　　C. 不要学习

7. 安达说他很想教我太极拳，但是他最近很忙。
   问：安达为什么不能教我太极拳？（B）
   A. 不愿意教我　　　B. 没时间教我　　　C. 觉得自己打得不好

8. 那个大超市离这儿很远，不能骑自行车去。
   问：说话人是什么意思？（C）
   A. 不想去大超市，因为很远
   B. 不能去大超市，因为没有自行车
   C. 不愿意骑自行车去大超市，因为很累

9. 我都在小商店买衣服，不去大商场，那儿的衣服贵得很，但不一定好。
   问：下面哪句话是对的？（A）
   A. 小商店的衣服不太贵
   B. 他也去大商场买衣服
   C. 大商场的衣服很好

10. 我做作业的时候不能听音乐，但是安德常常一边听音乐一边做作业，作业做得也很好。
    问：下面哪句话是对的？（B）
    A. 我不喜欢听音乐
    B. 安德喜欢做作业的时候听音乐
    C. 安德听音乐的时候不能做作业

（二）听下面的对话并选择正确答案

1. 男：周末一起出去玩儿，怎么样？
   女：对不起，下星期我们有考试，周末我要准备准备。
   问：女的周末做什么？（C）
   A. 出去玩儿　　　B. 考试　　　C. 复习

2. 女：安德，这个问题怎么回答？
   男：让我想想。
   问：关于安德，我们知道什么？（A）
   A. 正在想问题　　　B. 想回答问题　　　C. 不会回答

3. 男：李明爱，这是你的箱子吗？重得很，里边儿有什么？
   女：有一些书，几件衣服，还有两瓶酒。
   问：关于这个箱子，下面哪句话是对的？（C）
   A. 不太重　　　B. 里边儿有很多衣服　　　C. 是李明爱的

4. 男：我们吃面条儿吧？再要两个包子。
   女：我要吃饺子，不想吃面条儿，也不想吃包子。
   问：女的要吃什么？（B）
   A. 包子　　　B. 饺子　　　C. 面条

5. 男：上课的时候，老师常常叫我们回答问题。
   女：我们的老师也是。
   问：女的班的老师怎么样？（B）
   A. 也很好　　　　　B. 常常让学生回答问题　　　C. 也是男的班的老师

6. 男：王平歌唱得不太好，但舞跳得不错。
   女：他还喜欢运动，跑步跑得很快。
   问：关于王平，我们可以知道什么？（C）
   A. 不会唱歌　　　　B. 舞跳得不太好　　　　　　C. 爱好运动

7. 男：请问，法语词典在哪儿？我想查个词。
   女：在左边的那个书架上，你自己找找吧。
   问：说话人可能在哪儿？（B）
   A. 书店　　　　　　B. 图书馆　　　　　　　　　C. 宿舍

8. 女：小明，吃饭！不要一边吃饭一边看书，对眼睛不好。
   男：没关系，我的眼睛好得很。
   问：女的和男的可能是什么关系？（C）
   A. 老师和学生　　　B. 医生和病人　　　　　　　C. 妈妈和孩子

9. 男：听说你不愿意出国工作？
   女：不是，我也想去，但是孩子太小。
   问：女的为什么不出国工作？（C）
   A. 不想去　　　　　B. 不愿意去　　　　　　　　C. 不能去

10. 男：你的鞋很好看，是名牌儿吧？一定比较贵。
    女：就是在超市买的，不是名牌儿。
    问：关于女的鞋，我们可能知道什么？（B）
    A. 是名牌儿　　　　B. 不太贵　　　　　　　　　C. 很舒服

（三）听后填空

1. 你想买多少钱的？
2. 同学们都不太愿意去商场。
3. 名牌儿都贵得很。
4. 她让我来你的宿舍。
5. 中国人对我很热情。

（四）听后做练习

1. 听后判断

女：我们喝点儿什么？你来点儿酒吧。
男：我不能喝，一会儿要开车。你喝点儿吧。

女：我不会喝酒。

男：给你来点儿饮料？

女：不用，我喝水就行。

男：不要客气，喝点儿可乐吧。

女：好吧。你呢？

男：我也喝点儿可乐。

（1）男的和女的正在喝酒。　　　　　　　　　　　　　　　（✗）

（2）女的要开车，所以不能喝酒。　　　　　　　　　　　　（✗）

（3）女的喝水，男的喝可乐。　　　　　　　　　　　　　　（✗）

（4）女的不会喝酒，男的不能喝酒。　　　　　　　　　　　（✓）

2. 听后判断

我家楼下有个超市，24小时营业，我经常在那儿买东西。那个超市不太大，但是吃的东西、日用品都有。这种超市比较方便的是24小时营业，所以很晚的时候也能去那儿买东西。我常常睡觉睡得很晚，一般十二点以后才睡觉。有的时候，睡觉以前有点儿饿，想吃东西，到楼下超市买个面包，买瓶牛奶，非常方便。

（1）我家在超市的旁边。　　　　　　　　　　　　　　　　（✗）

（2）那个超市东西很多，所以我常常去那儿买东西。　　　　（✗）

（3）那个超市有日用品，所以很方便。　　　　　　　　　　（✓）

（4）我晚上十二点以后常常去那个超市买吃的。　　　　　　（✓）

二、语音语调

（一）选择你听到的词语

1. A. bìjìng　　B. běijīng　　2. A. rèqíng　　B. rénqíng

3. A. wěnbù　　B. wěngù　　4. A. fāngbiàn　　B. fānbiàn

5. A. shùlín　　B. shùyīn　　6. A. yǎnjing　　B. yǎnjingr

7. A. shǒuxiàng　　B. shǒuchuàng　　8. A. hàoxué　　B. hǎoxué

9. A. yuànyì　　B. yìyuàn　　10. A. jǐngjué　　B. jǐngjù

（二）选择你听到的句子

1. A. Dàjiā juéde hěn yúkuài.
   B. Dàjiā juéde hěn yíhàn.
2. A. Zhè ge diànnǎo de zhìliàng zěnmeyàng?
   B. Zhè ge diànnǎo de zhòngliàng zěnmeyàng?
3. A. Xiǎo Wáng dié de bèizi hěn piàoliang.
   B. Xiǎo Wáng juéde bēizi hěn piàoliang.
4. A. Nǐ zuìhǎo zài shuō yí biàn.
   B. Nǐ zuìhòu zài shuō yí biàn.
5. A. Tā duì yīnyuè hěn yǒu xìngqù.
   B. Tā duì yīnyuè hěn yǒu xīnqíng.
6. A. Méiyǒu rén liǎojiě tā.
   B. Méiyǒu rén lǐjiě tā.
7. A. Āndé hěn xǐhuan yùndòng.
   B. Āndé hěn xǐhuan yídòng.
8. A. Dīng Róng huār huà de búcuò.
   B. Dīng Róng huàr huà de búcuò.
9. A. Nǐ néng jiāo wǒ zuò fàn ma?
   B. Nǐ néng jiāo wǒ zuòfǎ ma?
10. A. Tā huídá de hěn zhǔnquè.
    B. Tā huídá de hěn zhèngquè.

（三）听后标出画线词语的声调

1. Nǐ yuànyì xué Hànyǔ ma?
2. Māma bú ràng háizi yí ge rén chūqu.
3. Jīntiān de tiānqì hǎo de hěn.
4. Wǒ yào yìbān de páizi jiù xíng.
5. Wǒ yào shàng wǎng chá piān wénzhāng.
6. Wǒ xiǎng mǎidiǎnr rìyòngpǐn.
7. Dà bùfen biànlìdiàn wǎnshang yě kāi mén.
8. Wǒ méi dài sǎn, zhǐhǎo děngzhe yǔ tíng.
9. Tā búdàn cōngming, érqiě piàoliang.
10. Wǒ tīng bu dǒng Zhōngguórén shuō de huà.

（四）听后画出句重音

1. 我不太愿意去他家。
2. 你能告诉我他家的地址吗？
3. 不要一边看书，一边吃饭。
4. 名牌儿也有便宜的。
5. 你用电脑玩儿游戏还是学习？
6. 爸爸想让我去中国学习。

第二十课　复习（四）

一、听力理解

（一）听下面的句子并选择正确答案

1. 桌子左边儿是床，右边儿是门。
    问：床在哪儿？（A）
    A. 桌子左边儿　　　　B. 桌子右边儿　　　　C. 门的右边
2. 星期六我想看电影，不想去打球，星期天再去吧。
    问：星期六他不想做什么？（C）
    A. 看电影　　　　　　B. 看电视　　　　　　C. 去打球
3. 波伟英语说得很流利，法语说得不太流利。
    问：波伟的法语说得怎么样？（C）
    A. 很流利　　　　　　B. 不流利　　　　　　C. 不太流利
4. 你从这儿一直往东走，大概两三百米，有一个银行。
    问：银行离这儿有多远？（B）
    A. 二百米　　　　　　B. 两三百米　　　　　C. 五百米
5. 今天天气冷，妈妈让我再多穿点儿衣服。
    问：从这句话中，我们可以知道什么？（A）
    A. 妈妈觉得我穿得少
    B. 我觉得天气不冷
    C. 我不喜欢穿很多衣服
6. 李明爱，我这个词读得对不对？
    问：下面哪句话是对的？（B）
    A. 他让李明爱看他写的字

B. 他让李明爱听他读词语

C. 他让李明爱听他读课文

7. 多吃水果，多喝水，不要吃冷的东西，感冒很快就能好。

问：他应该怎么做，感冒才能好？（C）

A. 吃冷的东西，吃水果

B. 多喝水，多吃冷的东西

C. 多喝水，多吃水果

8. 从我们学校到新街口只能坐 7 路车，不能坐 1 路车。

问：从他们学校坐几路车可以到新街口？(B)

A. 1 路　　　　　　　　B. 7 路　　　　　　　　C. 11 路

9. 英汉词典在听力书的上边儿，汉英词典在听力书的下边儿。

问：英汉词典在哪儿？（C）

A. 听力书下边儿　　　　B. 听力书旁边　　　　C. 听力书上边儿

10. 他妈妈不让他一边吃饭一边唱歌，他不听。

问：从这句话里我们可以知道什么？（A）

A. 他喜欢边吃饭边唱歌

B. 他妈妈不让他唱歌

C. 他很听妈妈的话

（二）听下面的对话并选择正确答案

1. 男：去你家怎么走？

女：从学校门口一直往北走大概三分钟，有一家医院，从那儿往东走五六分钟就是我家。

问：从那家医院到女的家要多长时间？（B）

A. 八分钟　　　　　　　B. 五六分钟　　　　　C. 三分钟

2. 男：你身体不舒服为什么还来上课？

女：明天考试，我不想请假。

问：女的为什么不请假？（C）

A. 老师不让请假　　　　B. 身体不错　　　　　C. 明天考试

3. 男：爸爸妈妈不让我去参加唱歌比赛。

女：你一定要让他们知道吗？

问：女的是什么意思？（A）

A. 你可以不告诉他们

B. 你不要听他们的话

C. 他们知道也没关系

4. 男：这个周末我不能去参加你的生日晚会。我爸爸来南京看我，我要陪他出去玩儿。

女：你不来呀？没意思。

问：下面哪句话是对的？（A）

A. 女的想让男的参加生日晚会

B. 男的不愿意参加生日晚会

C. 男的要陪爸爸去南京玩儿

5. 男：下个星期有运动会，你跑得快，你可以参加。

女：不行，最近腿有点儿疼。

问：下面哪句话是错的？（A）

A. 女的跑得很慢

B. 女的腿不舒服

C. 女的不想参加运动会

6. 男：这张照片上没有你？

女：有，你看，我在爸爸妈妈的后边，妹妹的左边，弟弟的右边。

问：女的在哪儿？（B）

A. 爸爸妈妈的中间　　　B. 弟弟妹妹的中间　　　C. 弟弟妹妹的后边

7. 男：咱们看八点的电影吗？

女：八点的有点儿晚，离现在还有一个半小时，看七点二十的吧。

问：现在可能是几点？（A）

A. 六点半　　　　　　B. 七点二十　　　　　　C. 八点

8. 男：听同学们说你歌唱得很好听，给我们唱一个吧。

女：不要听他们的，我不会唱歌。

问：从这段对话，我们可以知道什么？（A）

A. 男的想听女的唱歌　　B. 女的要唱个歌　　　　C. 女的很喜欢唱歌

9. 男：我觉得学校门口那家饭店不错，去那儿吧。

女：但是，我最近不想吃韩国菜。

问：他们在说什么？（C）

A. 门口的饭店　　　　　B. 韩国菜好吃不好吃　　C. 去哪儿吃饭

10. 男：李明爱的韩国菜做得很不错，今天她要做几个菜给我们尝尝，咱们去她那儿吧。

女：你去吧，我中午吃得太多，现在还不舒服呢。

问：女的为什么不去？（B）

A. 她不喜欢吃韩国菜　　B. 她觉得不太舒服　　　C. 她习惯晚上不吃饭

(三) 听后做练习

1. 听后判断

女：波伟，你在哪儿上课？
男：在办公楼旁边的那个楼里上课。
女：办公楼旁边有很多楼，是哪一个？
男：是后边的那个白楼。
女：你们的汉语老师是谁？是王老师吗？
男：王老师教我们听力，李老师教我们汉语。
女：我听说王老师上课非常有意思。
男：是的，他教得很好，同学们学得也很努力。你们的老师是谁？
女：我们的汉语老师是李老师，听力是丁老师。他们也都很好。

(1) 女的不知道波伟在哪儿上课。　　　　　　　　　　　　　(√)
(2) 王老师是波伟的汉语老师。　　　　　　　　　　　　　　(×)
(3) 波伟上课的楼是黄色的。　　　　　　　　　　　　　　　(×)
(4) 女的和波伟不在一个班上课。　　　　　　　　　　　　　(√)
(5) 女的不喜欢她们的老师。　　　　　　　　　　　　　　　(×)

2. 听后选择

我听说学校门口有一个小饭店，朋友们都说那儿的饭菜好吃得很。昨天，我和安德去那儿吃饭。进门以后，老板问我们想吃什么，他说他做的菜又好吃又便宜，我们一定喜欢。我知道安德不能吃辣的菜，就让老板做几个不辣的。不一会儿，菜好了。老板让我们尝尝，我觉得老板做的菜很不错。我和安德吃得很快。老板问我们怎么样，我们告诉他做得非常好。最后，老板说我们是学生，可以便宜点儿，我们很高兴，说下次我们还会再来。

(1) 那家饭店的饭菜怎么样？(C)
　　A. 又贵又不好吃　　　B. 贵但是好吃　　　C. 又便宜又好吃

(2) 为什么老板说可以便宜点儿？(B)
　　A. 我们说那儿的菜好吃　B. 我们是学生　　　C. 我们的钱不多

二、语音语调

(一) 选择你听到的词语

1. A. huáquán   B. huāqián   2. A. lìshǐ   B. lìshí
3. A. qīnqi   B. qīngxī   4. A. chéngjiù   B. chénjiù
5. A. zhēngzhí   B. zhēnshí   6. A. lóngdōng   B. róngdòng
7. A. dàpén   B. dàpéng   8. A. xuěyuè   B. xuěyè
9. A. biǎoxiàn   B. biǎoliàn   10. A. zhùzhái   B. zhǔzǎi

(二) 选择你听到的句子

1. A. Wǒ bú yào qìchē.
   B. Wǒ bú yào qí chē.

2. A. Yóujú zài mǎlù de dōngbianr.
   B. Yóujú zài mǎlù de dōngbian.

3. A. Wǒ yě bù zhīdào yào zhème zǒu.
   B. Wǒ yě bù zhīdào yào zěnme zǒu.

4. A. Qǐng nǐ zhùyì nǐ de ruòdiǎn.
   B. Qǐng nǐ zhùyì nǐ de luòdiǎn.

5. A. Nǐ bú yào zài tuīcí le.
   B. Nǐ bú yào zài tuīchí le.

6. A. Qiánmian shì yí ge xiǎo cūn.
   B. Qiánmian shì yì kē xiǎocōng.

7. A. Tā juéde méiyǒu shénme chūlù.
   B. Tā juéde méiyǒu shénme chūrù.

8. A. Zhèli měinián dōu yào kāi huā.
   B. Zhèli měi nián dōu yào kāifā.

9. A. Dàjiā yào kèfú zhànshí kùnnan.
   B. Dàjiā yào kèfú zànshí kùnnan.

10. A. Qǐng gěi wǒ yì běn Hàn-Yīng cídiǎn.
    B. Qǐng gěi wǒ yí běn Yīng-Hàn cídiǎn.

（三）听后标出画线词语的声调

1. Wǒ qiántiān tài <u>shēng qì</u> le.
2. Zhè shuāng xié <u>chǐcùn</u> hěn héshì.
3. Wǒ xiǎng qù <u>nánfāng</u> lǚxíng.
4. Néng zài zhèr <u>chōu yān</u> ma?
5. Jiàoshì zài cèsuǒ de <u>pángbiān</u>.
6. <u>Yìzhí</u> zǒu, bú yào guǎi, jiù néng kànjian.
7. Wǒ tài <u>è</u> le, xiǎng chīdiǎnr <u>dōngxi</u> le.
8. Nǐ zěnme hái bù <u>chūfā</u> ya?
9. Zhè jiā <u>màoyì</u> gōngsī zuò <u>máoyī</u> shēngyi.
10. Zuótiān de <u>huàzhǎn</u> shang yǒu jǐ fú piàoliang de <u>huàr</u>.

（四）听后画出句重音

1. 超市在商店的左边儿。
2. 从这儿到北京大概要十个小时。
3. 我愿意和你一起去公园。
4. 他的排球打得不怎么样。
5. 爸爸让他努力学习。
6. 3路车站旁边是银行。

词语总表
Vocabulary

A

啊	13

B

办	20
办公室	8
帮	14
包子	19
杯子	17
本	8
比较	5
比赛	18
笔记本	19
病人	19

C

参加	12
厕所	9
层	17
茶	9
查	19
长	20
抄	18
车	14
吃	10
穿	18
床	20
词	19

次	12

D

打的	14
带	17
但	19
等	14
地方	17
地图	9
第	12
电影	3
电影院	18
东西	10
冬天	20
读	14
短	20
锻炼	13
对不起	10
兑换率	15
多	7

E

饿	15

F

发音	6
法文	8
饭	10

饭店	13
饭馆儿	16
方便	17
房间	10
放心	19
飞机	14
分钟	16
辅导	16

G

感冒	20
高兴	3
告诉	14
工作	6
公司	9
公园	7
贵	10
过	12

H

汉字	6
好吃	13
好久	3
好看	17
好听	19
号码	12
喝	9
贺卡	12

263

黑 ………… 8
红 ………… 8
后天 ………… 15
护士 ………… 9
化学 ………… 17
话 ………… 14
欢迎 ………… 4
换 ………… 15
回答 ………… 19
火车 ………… 16

J
家 ………… 7
家庭 ………… 7
见 ………… 3
见到 ………… 3
件 ………… 11
讲 ………… 14
交 ………… 19
饺子 ………… 17
脚 ………… 20
叫 ………… 19
教师 ………… 7
姐姐 ………… 6
节 ………… 12
介绍 ………… 4
借 ………… 18
近 ………… 17
经理 ………… 9
酒 ………… 19
旧 ………… 7
觉得 ………… 6

K
咖啡 ………… 15
开 ………… 14
考试 ………… 18
可乐 ………… 11
可能 ………… 11
渴 ………… 11
客厅 ………… 17
课本 ………… 4
课文 ………… 18
口 ………… 7
快 ………… 18
筷子 ………… 16

L
辣 ………… 13
来 ………… 5
蓝 ………… 15
老板 ………… 20
老师 ………… 4
冷 ………… 18
联系 ………… 15
辆 ………… 15
流利 ………… 20
路 ………… 14
绿 ………… 10

M
买 ………… 10
慢 ………… 18
没关系 ………… 15
没问题 ………… 20
没有 ………… 6
美元 ………… 15
门 ………… 20
们 ………… 6
面包 ………… 10
面条儿 ………… 16

N
男 ………… 6
你们 ………… 4
年级 ………… 8
您 ………… 4
牛奶 ………… 11
女 ………… 6

P
旁边 ………… 8
朋友 ………… 5
篇 ………… 18
便宜 ………… 10
漂亮 ………… 10
苹果 ………… 10
瓶 ………… 11

Q
前边 ………… 8
浅 ………… 20
墙 ………… 17
轻 ………… 19
请假 ………… 20
球 ………… 15

R
然后 ………… 17

热 11	所以 16	小时 13
热情 19		小说 18
人民币 15	**T**	校长 13
认识 5	他们 2	些 19
日文 8	台 16	鞋 11
容易 6	天 8	写 12
	天气 8	辛苦 13
S	听话 20	新 7
伞 9	同屋 10	新年 12
上 10	同学 6	休息 9
上班 13	头 18	学校 3
上课 6	图书馆 7	
上午 7		**Y**
勺子 16	**W**	颜色 15
少 9	外国 7	眼睛 19
身体 5	外语 6	要求 18
深 20	碗 14	也 4
声音 14	为什么 18	叶子 14
师傅 11	问 14	一般 16
时间 12	我们 5	一定 12
事 12		一下 4
事情 13	**X**	衣服 11
试 16	西餐 18	医生 7
手机 16	习惯 20	医院 9
书店 10	洗 14	以后 12
书架 17	下课 12	以前 16
舒服 13	先 17	银行 15
数 15	先生 4	饮料 11
数学 17	香蕉 11	游泳 18
双 11	箱子 19	有时候 12
水 11	想 17	愉快 19
睡觉 14	小 3	雨 18
说 14	小姐 15	

Z

早 4
找 8
这儿 8
支 7

知道 12
职员 9
纸 16
质量 19
重 19
周末 8

住 9
准备 14
昨天 8
作业 16
做 7

专名 Proper Nouns

A
澳大利亚 8

B
百事可乐 11

D
德国 8

F
非洲 15

J
加拿大 8

K
可口可乐 11

L
两江大学 7

M
美国 6

O
欧洲 15

R
人民医院 9

S
沙可 17
上海 12
上海大学 14

T
泰国 6
田 15

W
汪 17
王明 7

X
西山 14

Y
亚洲 15

Z
张兰 16